社をもたない神々

神崎宣武

角川選書
612

社をもたない神々

目次

序章――自然に宿る神々の群れ

日本のカミ信仰には、いくとおりかがある。その代表が神道である。しかし、確たる教祖もなく、確たる教義もない。そのところでは、世界の規範でいう宗教の体《てい》をなしていない、といえる。

もっとも古くは、自然界の奇異を崇《あが》めた。それに畏《おそ》れを覚えたら、その場を清めて結界をつくり、カミを祀《まつ》った。たとえば、巨木が揺れて枝がきしむとき、それを地異のきざしとして、そこに依《よ》りついたカミを崇めた。やがて、その巨木は神木となる。幹に縄を巻いたり、枝から糸を垂らしたり。そして、以後も崇められることにもなった。古くそこでの折々のまつりでは、ある種の霊感をもつ者が、祈《き》禱《とう》をして神懸《かみがか》りもした。古くは、女性（巫女《みこ》）がその役目を多く担うことにもなった。

現在でも、奄美《あまみ》・沖縄諸島では、その習俗がある。ノロという女性の神人がまつりを司《つかさど》る。とくに、海の彼方《かなた》（ニライカナイ）からカミを招呼する神事では、彼女たちが浜辺に座して神歌を唱えたり魂寄《たまよ》せの祈禱を行なう。いかにも神々しい光景である。

世界の原初民族にも相通じるアニミズム（自然信仰）であり、シャーマニズム（呪術信仰）である。日本での古神道も、それに類するものだった。

それが、時代とともに、ある種の体裁を整えてくる。

たとえば、元の神道では、社殿は必要としなかった。社殿（本殿）ができるのは、奈良時代になってからで、それは、たぶんに渡来仏教の建築を模してのことだっただろう。

しかし、仏教を導入して都がおかれた奈良にも、社殿をもたないカミが伝わる。三輪《みわ》のカミである。三輪山そのものがカミが坐《ま》します神座《かみくら》、とするのだ。狭義には、三輪山の磐座《いわくら》を神座とするのである。ここに、壮麗な拝殿（本殿ではない）ができて神社（大神神社《おおみわ》）を名のりだしたのは、近世も江戸中期になってからのことであった。

三輪山以外にも、各地に多くの神体山・神奈備山《かんなびやま》がある。その地方で、どこからも望める山容の美しい山。その数、無数といってもよい。山島列島の日本は、いいかえれば霊山列島でもある。

それらを遥拝《ようはい》するかたちで社殿をもったところで、神社となる。あるいは、氏族の祖霊を顕彰するかたちで社殿をもったところで、神社となる。

やがて、神社神道なる呼称もでてくる。神社神道という呼称が広く定着したのは、明治元（一八六八）年からのことである。

明治元年の三月、新政府は、神仏判然令《しんぶつはんぜんれい》を布告。一般には、神仏分離とか廃仏毀釈《はいぶつきしやく》といわれる。それまでの神仏習合の慣行をくつがえして、神社神道を公事の宗教として強調したのだ。ここで、神社神道が国家神道ともいわれるようになったのである。

それによって、明治期には神社統合や祭式統一も全国的な規模で展開された。しかし、すべてが画一的に統一なされたわけではない。その種の「令」には、「但書《ただしがき》」が付く。非原理の思想、とでもいおうか。それぞれの地方や神社の判断での対処が許容された。かくして、庶民の暮らしの中では古来の不定型で多様なカミとそのまつりが連綿として存在、伝承されてきたのである。

やがて、時代が昭和にかわると、民俗学の対象ともなり、そこでは「民間神道」とか「民俗神道」と称されるようになった。たとえば、国文学者で民俗学者の折口信夫《おりくちしのぶ》（一八八七〜一九五三年）、神道学者の平井直房（一九二二〜二〇一三年）、民俗学者の宮田登（一九三六〜二〇〇〇年）などによってである。

それから、さらに時代が過ぎた。

庶民社会が維持してきた古神道・民間神道・民俗神道の行事、習俗が年々見えにくくもなっている。いちばんの理由は、地域社会の過疎化、高齢化によりその伝承基盤が脆弱《ぜいじゃく》になったからである。急速な脆弱化、といってもよい。それに合わせて、本来はそうした習慣をつながなくてはならない後継者たちの関心も薄らいできた。民俗学や神道学からのまなざしも、とくに強いとはいいがたい。

私にとっても、半生のうちの変化である。郷里において、この五〇年間でじつに多くの変化が生じてきたのである。

ここで、私的な立場と思いを述べることにする。

というのは、山の神や田の神にしても、地神や塞《さい》の神や水神《すいじん》にしても、その土地土地での祀り方に違いがある。あまりにも多様な伝承がある。それを羅列してもきりがないし、できそうもない。また、系統化、類型化することもむつかしい。したがって、自分のもっとも身近でもっともよく知る事例を紹介するところからはじめるのがよかろう、と思ったからである。

私の郷里は、備中《びっちゅう》（岡山県）は吉備《きび》高原上の農村で、家は代々の社家《しゃけ》である。現在は、私が継ぎ、四五年来東京との往反をくりかえして、年間で七〇日から八〇日ばかりの神主役をこなしている。

さいわいなことに、そこは全国的にみて、古神道（民俗神道・民間神道）をよく伝えているところである。

もちろん、氏神《うじがみ》の例祭（これを大祭《おおまつり》という）は、神社で行なう。神饌《しんせん》を供し、祝詞《のりと》を奏し、玉串《たまぐし》を奉る。全国どこの神社にも共通する、明治期に統一されたところの祭式にしたがっての祭礼である。

そのときの私は、神社神道における神官なのである。

一方で、社《やしろ》をもたない、あるいは小さな祠《ほこら》しかもたないカミを祀っての小集落や株内（同姓集団）での小祭《こまつり》も多い。

そのひとつは、産土荒神《うぶすなこうじん》の式年祭である。

この地方での産土荒神とは、開墾にちなんでの地神の親神的な存在である。ほぼ、のちの地名での小字《こあざ》ごとに祀られている。他地方では、氏神に統合されているところが多いが、備中地方ではなぜか濃い残存の分布をみる。

産土荒神の社は、あるが小規模なもので、その建物の中での祭典がむつかしいこともある。例祭では、当番（頭屋《とうや》）の家での行事が中心となる。また、式年祭（一般には七年に一度）では、神殿と神楽舞台《かぐら》を仮設して、神事や神楽を仰々しく行なう。株祭でも、社には参るが、当番祭が中心となる。

そうした小祭では、神主は、祭典のあとで神楽祈禱を行なうことになる。太鼓を叩きながら、神楽歌を歌い、呪文を唱えるのだ。「座神楽」ともいう。一人神楽にほかならない。そうしたときの祈禱では、たとえば神社神道での祓詞《はらえことば》と異なる呪文を唱えたりする。たとえば、「三元三妙」。密教（真言宗・天台宗）系の表白《ひょうびゃく》に通じるもので、おそらくは修験《しゅげん》によって伝播《でんぱ》したものであろう。

そこでの私は、古神道の神主なのである。

現在ではほとんどみられなくなったが、かつては竈《かまど》祈禱も盛んであった。それを御湯立《おゆだて》ともいった。

正月から春の彼岸までの間に、家ごとに歳神《としがみ》（ここでは、御年大神《みとしのおおかみ》）を芯に迎えての正月祈禱（家祈禱《やぎとう》）を行なっていた。この御年大神も神社に祀られているのではない。そのときにかぎり、床《とこ》の間《ま》に御幣《ごへい》と神札《おふだ》を立てて勧請《かんじよう》する。神主は、その前で拝《おろが》む。太鼓があれば、それを叩き、祓詞や神楽歌を唱えたり歌ったりしながら祈禱するのである。

竈神を拝むには、台所に行かなくてはならない。この場合は、竈が神座になるのだ。竈にかけた羽釜《はがま》に湯をたて、そこに浸した湯笹をもって四方や家族を祓《はら》う。そこでは、またそれだけに用いる呪文や呪法《じゆほう》がある。

この竈祈禱は、民家が建てかわり、土間も竈もなくなったところでほとんど行なわれなくなった。

その他にも、御崎《みさき》あげ（不慮の死者の霊を、その現場で弔《とむら》う神事）・金神《こんじん》祭（その年に塞《ふさ》がっている方角を祓って解除する神事）などが郷里には伝わる。かろうじて伝わっている、といった方がよいかもしれない。古神道の流れとしては、私たち世代の神主たちが最後の体現者、といってもよいのである。

もちろん、こうした事例をもって、日本全体をはかろうとするものではない。はかれるものでもない。各地に、さまざまな古神道のかたちがある。以下も、郷里における体験は、そのひとつの伝承事例として述べるにすぎない。

社をもたない神々を祀る古神道。その元は、アニミズムとシャーマニズムからなる。それに、祖霊信仰も加わる。そうした原初信仰を、変化をともないながらも現代まで伝えてきたのは、先進国では日本だけである。私は、これをもって「ニッポン教」として誇るべきだろう、と思っている。

たしかに、非原理の思想である。もとより曖昧なところがあるが、かといって、これにあと付けの理屈をかぶせたりしてはなるまい。時代を経て多様な展開をしてはいるが、自然や諸霊の変調を畏れてカミを崇めて祈った古代《いにしえ》の祖先たちの心情は、愛《いと》おしいまでに純朴だったはずである。

まずは、そのことを理解すべく、「先祖返り」をしてみる。それが、いつの時代においても文化伝承のつとめというものではあるまいか。

第一章　歳神と田の神

正月の門付け　大黒に扮した女性たちが、めでたい文句を唱えながら家々を訪れて言祝ぐ（山形県鶴岡市）

歳神を迎えるための方災解除（ケーススタディ①）

一二月二五日は、郷里（岡山県美星《びせい》町）の三山《みやま》八幡神社（兼務社）の「解除《けんじょう》」である。午前一〇時に神社にあがる。氏子総代が各当番組から二人ずつ、合わせて一〇人。それに、当年（秋の大祭後から一年間）の大当番・相当番・三当番。参列者は、一三人である。

あらかじめ用意しておいた神札《おふだ》を、三方《さんぽう》に載せて神前に。神札は二体で、半紙を切下げて竹串に取付けた御幣《ごへい》に×字様に挟んである。一体は「塞坐三柱神《さやりますみはしらのかみ》」、もう一体は「御歳《みとしの》大神《おおかみ》」である。うち、三方一台は、玉串案《たまぐしあん》（小机）に置く。

神主が主導の次第は、まずは修祓《しゅばつ》。祓詞《はらえことば》を述べたあと、大麻《おおぬさ》（垂《しで》の多い御幣状のもの）で神前と神札、祭員を祓《はら》う。神社祭式での型どおりの所作を演じることになる。

次に、祝詞《のりと》奏上《そうじょう》。これも型どおりのものであるが、祈願の主旨（主文）が他の祭典の祝詞と異なる。「辞別《ことわ》きても三柱神を招きまつりて」「塞《さや》ります方角あらんをば、これを一切解きて祓えたまえ」と祈願するのである。

つまり、方災解除。方災を防ぐのが塞坐三柱神となるが、その三柱の比定がむつかしい。私は、我が家に伝わる祈禱《きとう》の流儀の多くを祖父から教わったのであるが、塞坐三柱神と解除については聞き洩《も》らしている。後年、先輩の神主や文献にあたってみても確たるところがつかめないままである。

たとえば、陰陽五行説にしたがうと、「三合の気」を当てることも可能である。卯・未・亥の三方位が木気、寅・午・戌の三方が火気、子・辰・申の三方が水気、丑・巳・酉の三方が金気。三方位が四巡することで全方位となる。必要に応じて三方位ずつ。これを三柱とみることもできるであろう。修験《しゅげん》（山伏）などを通じてそうした陰陽五行説の影響が及んでいるのかもしれないが、明らかではない。

塞坐三柱神は、他地方では目に慣れない耳に慣れない言葉であろう。が、たとえば、千葉県の市川市で辻切《つじぎ》りという行事があり、そこで「塞座三柱大神」という神札《おふだ》を立てる、という報告がある（萩原法子『いちかわ民俗誌』）。その神札をつくる地元の神官にたずねてみたが、旧来どおりにそうしているだけで、三柱が何神様かはわからない、ということであった。

宮田登『俗信の世界』では、「三」に注目している。三束《さんばい》の苗を初田植えのときの神座とするのと同じように、三柱をもって塞《さい》の神とする。心霊や精霊の公約数のようなもの、とするのである。と、すれば、三縁《さんえん》・三界《さんがい》・三玄《さんげん》・三途《さんず》・三施《さんせ》・三諦《さんたい》・三智《さんち》・三有《さんぬ》・三《さん》部《ぶ》・三宝《さんぽう》・三昧《さんまい》・三密《さんみつ》・三惑《さんわく》など。仏教の世界観をあらわす用語のなかには、「三」がつく言葉が多い。しかし、それをもって仏教の影響が及んでの三柱、というのも早計であろう。

民俗学上で大くくりすると、「塞の神」ということになるであろう。「障の神」とも書く。境の神、辻の神、そして方角の神。信州に多く分布をみる道祖神もその一種、とする説もある。

さて、方角が解除された。そこで、御歳大神を迎えることになる。

ここでいう御歳大神は、一般にいうところの「歳神《としがみ》」である。「大歳大神」「歳徳神《としとくしん》」ともいう。新年を守護してくれる神にほかならない。祝詞でも「御歳大神は、安く静けく降りたまいて、氏子おのもおのもの神座《かんどころ》に移り鎮まりましませ」と奏す。

祝詞が終わると、他の祭典では玉串奉奠《たまぐしほうてん》となるが、ここでは御幣頂戴となる。参列者が、一人ひとり神前に進んで、そこに祀《まつ》ってある神札《おふだ》をはせた御幣を一体ずつ引き授かるのである。それは、後でそれぞれが担当して配る家数分を足して持ちかえることになる。

御幣頂戴が終わると、御神楽《おかぐら》。座神楽、ともいう。郷里のみならず、備中《びっちゅう》(岡山県西部)の高原部から山地にかけては、祭典の後に御神楽をあげなくてはならない。横打ちで太鼓を叩きながら、「サンヤー　サンヤー」と神楽歌を詠じ、その折目節目の祭旨や願目を織りこんでの祈禱を行なうのである。古くは、それで神懸《かみが》かって託宣《たくせん》を行なった、という伝承もある。

明治初年の神社神道の祭式統一のなかで、神官の呪術や芸能が禁じられた。結果、多くの地方では、それが後退し、廃絶した。しかし、罰則はなかった。そこで、所どころにこうした古い土着の呪法が残ったのだ。稀《まれ》なる例といわなくてはならないが、近年は未修行のままそれを省略する神主も多くなった。

なお、太鼓を叩きながら、神楽歌を詠じながら御神楽をあげていると、時どきに奇妙なことがある。記憶がとんで、体が浮いてくるのである。私は、郷里と東京を往反しながらの季節労務的な神主であり、毎日神前につとめる敬虔《けいけん》さはもちあわせていない。御神楽のあげ方も祖父やそのときの老練神主から教わりはしたが、あとは我流に近い。それでも、奇妙な体験をするのだ。カミというよりも、昔人《いにしえびと》や先祖との交信。神懸かるとは、もしかしたらこういうことかもしれない、と思ったりもする。そうしたときは、それを後ろで聞いている人びともひときわ神妙で、しかし興奮気味でもあるのだ。

それは、ともかくとしよう。いや、あえていっておこう。古くから伝わる技術や芸事には、それなりの意味があるのだ。非科学的なことは重々承知しているが、学問的な分析には簡単に与《くみ》せないそれなりの意味がある、と思える。以下、とりあげる民俗事例のなかにも、それを代々伝える共同体の人びとが、その行事を通してある種の心地よさを共有することで、それが持続してきたのかもしれない。あるいは、ある種の不安を共有することで、それが廃絶しなかったのかもしれない。そうした傍《はた》からみたら不可解ともいえる「共同幻想」を認めないことには、信仰行事の伝承は語れないように思うのである。

話が横道にそれた。

ここでは、「塞坐三柱神」と「御歳大神」の二体の神札を挟んだ御幣を各々が持ち帰ったあと、どうするかだ。それが、次なる問題となる。

各々が持ち帰って、神棚に祀るのではない。各々の家の門口《かどぐち》に立てるのである。しかし、その立て方は、同じではない。ただ玄関先の植えこみに幣串《へいぐし》を差しこむ家もある。庭木《にわき》があれば、それに縄で結わえる家もある。竹を二本立てて注連縄《しめなわ》を掛ける家では、その一方の竹に結わえつける。各々の流儀である。とくに、そこに供えものをすることはない。

それで、方災を祓い、歳神を迎えることができる、とするのである。

なお、この解除の行事は、同じ美星町内でも、私の家がある（大字《おおあざ》）黒忠《くろただ》あたりにはみられない。ちなみに、美星町は、昭和二九（一九五四）年に川上郡日里《ひさと》村と小田郡美山村・堺村・宇戸《うと》村が合併してできている。その南部、つまり旧美山村や堺村の側にこれが顕著に伝わっているのだ。旧川上郡側には、過去にさかのぼってみても、その形跡はないのである。

これも、なぜだかはわからない。たぶん、私の家系にこの祭儀が伝わらないのも、旧川上郡での社家であったからであろう。三山八幡神社は、祖父が兼務したもので、祖父はそこでのそれまでの祭式次第をそのまま踏襲したのに相違あるまい。そのところにおいて、いなかの神主は、土地土地に伝わる固有の祭式習慣があれば、それをそのまま踏襲せざるをえないところがある。神主が自己流をはさむ余地はない。また、折り合いのよい文化伝承とは、そこに明確な理由を必要としない。時代ごと世代ごとの変化はあるものの、そのところでは、おおむね保守的であってよいのだろう。

民間での信仰のかたちは、多種多様である。そして、このように、ひとりの神主が担当する狭い地域の内でも一様ではないのである。ここでは、「さまざまなかたち」が残ってきたことが尊い、としなくてはなるまい。

神道には、教祖も教義もない。神社神道が成立する以前の土地土地に派生した古神道（民間神道）から、そうである。畏《おそ》れを覚えれば、魔除《まよ》けとして清め、招くべき神を通し、供えものや神楽歌でもてなして祈願の意を通じようとした。あとは注連を張って、何人《なんぴと》もみだりに足を踏み入れてけがさぬようにした。その場所としては、巨木や岩室や村境や水辺など。それが、宗教にあらざるアニミズム（自然崇拝）のまつりだった。

ここでも、単純に障《さわ》りある方災を解除して新しい年の守護神（歳神）を迎えようとする。いうなれば、道や門口を掃除して賓客を迎えるのと同じこと、とみなせばよろしいのではないか。

次に、ここでの「塞の神」と「歳神」。それを他地方にも分布する同じような事例とつないでみるとどうなるか、と興味を拡げてみよう。

まずは、「歳神」についてである。

お正月さまござった

歳神《としがみ》は、正月に家に迎える神である。

正月行事というと、今日では初詣《はつもうで》ばかりが重視される傾向にある。が、かつての日本では、各家で行なわれる年祝いこそが重要であった。各家ごとに歳神を勧請《かんじょう》し、年内安全、家内安全を願うのである。

トシトクサン（トシトコサン）・ショウガツサマ（オショウガツサマ）・ワカトシサンなどと呼ばれる。

歳神の来臨については、各地の童歌《わらべうた》にもうたわれている。たとえば、関東地方のそれは、こううたう。

お正月さまござった
どこからござった
山からござった
ユラユラと
ゆずり葉にのって
山からござった

この歌をはじめて聞いたのは、大学生のころ、栃木の友人の家を訪ねたときだった。友人の母堂が歌ってくれた。それから五〇年近くが過ぎて、ごく最近、板橋区（東京都）のシルバーカレッジでの講義でこの話題にふれた。すると、最前列の老婦人が口ずさみだしたのである。これには、いたく感激した。

八〇歳以上の人のなかには、他にまだ歌える人もあるのではないか。しかし、それもおそらく最終世代の稀なる伝承例となるであろう。

この場合のユズリハ（ゆずり葉）は、歳神の依代《よりしろ》である。ユズリハに乗って歳神が山頂からやってくるのである。むろん、童謡や民謡の一節にどれほど民俗的な事実が投影されているか、疑えばきりがない。しかし、その時代やその思想と何らかの関連があることは、疑うべくもないことである。

ユズリハは、ユズリハ科の常緑樹で、おもに西日本各地に自生する。ただ、これも、ユズリハにかぎらずとも常緑樹であれば、榊《さかき》葉でも椿《つばき》葉でもよい、としなくてはならない。要は、その時期（冬）に、カミが依《よ》りつくのにふさわしく青々と繁った葉であることが大事なのだ。まさか、この場合、枯木や枯葉を選ぶことはあるまい。緑豊かな樹木や枝葉こそが、つまり生木《なまき》こそが生命の象徴なのである。

そして、ユラユラと揺れながらカミは降臨するのである。一方で、カミの降臨を示すための神事では多くの切り紙が使用されもするが、紙の場合は、サワサワ、ザワザワ揺れるはずである。それは、いずれも「御魂振り《みたまふり》」をあらわしている、と解釈すべきだろう。

御魂振りは、魂の再生を願う所作である。あるいは、魂の移行をあらわす所作である。

話が少々飛躍するが、たとえば、天皇崩御と即位の儀式のなかでは、神器が納められた箱を振ることをもって御魂振りとする、という。民間では「御魂呼び」ともいい、死体から霊魂を呼びだして鎮めることで、現在ではおもに僧侶や神主がその役目を行なっている。ゆえに、一般にはなじみが薄いが、「御魂鎮め」の前段で御魂を振り揺らすことは、一連の作法というものなのだ。

カミは、ユラユラ、サワサワとござるものなのである。ということは、上方から舞い降りるものなのである。上方といっても、真上ではない。上方彼方《かなた》なのである。歳神の場合は、農村部ではヤマ（山）の彼方から、とした。

『民俗学辞典』をはじめ、複数の報告例に、次のような歌が紹介されているのだ。

　正月さんどこまで　何々山の腰まで　何と何をみやげに持って

何々山とは、近くの山の名を入れる。また、みやげは、たとえば餅とカキ（柿）などと入れる。みやげのところで、「箕《みの》着て笠かべって　コトコトおいでた」と歌うところもある。「馬に乗ってチャラチャラと　牛に乗ってノロノロと」と歌うところもある。また、「厠《かわや》に寄って糞《くそ》ひっておいでた」などと茶化してはやすところもある。

もう一方で、その年の恵方《えほう》の彼方からやってくる、ともされる。とくに、江戸の町人の間に恵方信仰が広まった。山にさほど親しまない都市型の思想、とでもいえばよいか。

恵方とは、十二支と十干《じっかん》を陰陽に分け、陽のあわさった方角を選び、そこに徳が生じる、とする。もちろん、それは、日本に土着の思想とはいいがたく、道教系の陰陽学からきたものである。日本では、中世以降、識者のあいだに広まった。そして、暦のうえにも取り入れられて、近世以降は庶民社会にも広まったのである。

門松立てと注連張り

歳神《としがみ》を迎える準備は、早いところでは一二月半ばからはじまる。

歳神を迎えるには、まず家の中をきれいにしなければならない。そこで、一年の埃《ほこり》と煤《すす》を落とすために、「煤払い」をする。いまでは、大晦日《おおみそか》近くに行なうところが多いが、古くは一二月一三日がその日とされていた。それを、正月「事はじめ」としたのだ。ちなみに、「事じまい」は、一月一五日。そこで、トンド（ドンド）とか左義長《さぎちょう》といって、正月の飾りものを焚《た》きあげることになる。つまり、正月とは、事はじめから事じまいまでのまるまる一ヵ月をいったのである。

それが、都市社会から期間が縮まった。とくに、明治以降、役所や学校の休暇に合わせるかたちで短縮されたのである。

さて、煤払いが終わると、次に門松を立てる。門松は、歳神がやってくるときの依代《よりしろ》である。歳神がユズリハに乗ってやってくるのと同じように、マツ（松）にも乗ってやってくる。

山からマツの枝を伐《き》って持ちかえることを「松降ろし」とか「松迎え」といった。もちろん、現在《いま》は、それを実行する人は少なかろう。松枝は、購入するものとなって久しい。しかし、京都では、その言葉が現在に伝わる。京の都では古くから、暮れにはその習俗がみられた。たとえば、『西行物語絵巻』（一三世紀中ごろ）には、両肩に大きな松をかついで歩く男が描かれている。「門松売り」とみてよいだろう。

このように、都市《まち》では古くからその代行者（行商人）が存在していた。しかし、古式では、年男が、山からマツを伐ってきて飾るのである。今日に伝える地方もあるだろう。私の家では、祖父から父親へ、父親から私へ、それを伝えてきた。それは、ひとつには男松《おとこまつ》（黒松の異名）が生えている自分の持山《もちやま》があるからだが、入会山《いりあいやま》（共有林）に行ってマツを伐る例も少なくなかった。が、その伝承は、しだいに後退している。

ちなみに、「松の内」という言葉があるが、これは、一般には、元旦から六日夜、あるいは七日までの期間のこと、とする。七日の朝方に門松をとりはずすところからそう呼ば

門松　かつては、門松は山から降ろした大きな枝木であった

れるようになった。しかし、それは江戸中期、江戸の「町触れ」によって定着した習慣である。たとえば、寛文《かんぶん》二（一六六二）年正月六日の町触れに、「松飾り明七日朝取可申事」とあり、その後も同様の触れがくりかえされた。

一方、江戸以外の地方では、一月一五日の小正月を「事じまい」として門松をはずす例が多くみられ、一部は今日にも伝わる。

江戸という都市での諸習俗と地方の農山村での諸習俗は、その伝承に少なからずのずれがある。どちらにもそれなりの理由があり、どちらが正当ともいえないことが多い。が、歴史的にみると、江戸仕様の方が浅い、ということはわきまえておいた方がよいだろう。

注連縄《しめなわ》もまた、カミが降臨した神聖な場

小正月行事でも　あらためて山から歳神を迎えた証しを再現。ダンゴバナ、これをもって正月を送る（山梨県上野原町）

所を示すための一種の標識である。標縄とも表記するのも、その意からであろう。

さらに、そこへの不浄や悪霊の侵入を防ぐ役目も兼ねている。つまり、魔除けでもあるのだ。

門松を飾らずに、笹竹を立てて注連縄だけを張るところもある。関東の農村部がそうであったが、近年は逆に、注連縄を張らずに門松を飾る例が増えている。また、門松と注連縄をあわせて設ける例もある。

注連縄を張る場所は、地方ごと家ごとにさまざまであるが、一般的には歳神を迎える門や玄関に張る。あるいは、歳神を床《とこ》の間《ま》に迎えたとしたら、床の前に張る。また、家の周囲ぐるりに注連縄を巻く例もあるし、竈神《かまどがみ》や水神《すいじん》を祀《まつ》るところに張ることも珍しくない。

注連縄は、ふつうの縄とは違い、左縄《ひだりなわ》といってヨリが逆目で綯《な》われている。これは、おそらく逆手を使うことのむつかしさを行《ぎょう》とみなし、それによってつくられた注連縄を尊んだのであろう。つまり、潔斎《けっさい》して丁寧に綯った特別の縄であることをあらわしているのである。

注連縄には、三本、五本、七本といった具合に奇数の垂《しで》が下がっている。さらに、一般には、その間にシメノコ（注連の子）と呼ばれる切り紙の垂がつけられる。

正月の注連飾りにかぎっては、ユズリハやマツの葉、カシ（樫）の葉などを切り紙のかわりにとりつける例も各地にみられる。いや、そうした常緑の葉が先にあって切り紙に変わった、というべきであろう。紙を用い出すのは、神道の普及にしたがってのこと。民間の信仰は、さらにそれより古く、そこでは紙以外の祭具が多用されたのは、想像にかたくないところだ。

木々の葉をそこに用いるということは、ヤマから歳神がやってくるという伝説にしたがうもの、とみてよかろう。「ユラユラと　ゆずり葉にのって　山からござった」と童歌《わらべうた》にうたったごとくにである。

さらに、イセエビ・ダイダイ・昆布・干し柿などがつけられる事例も伝わる。これは、歳神を迎えるめでたさと、豊富に食料を貯えることへの祈願をあらわしたものであろうことも、想像にかたくない。いつ、どこで、と簡単にはいえない。派手さということでは、江戸の町で鳶職《とびしょく》が正月の飾り立てを請け負うようになってから、とみることができようか。門松も鏡餅も、江戸の町から加飾されてくるのである。

拝み松や年棚は仮設

家の中には、神座《かみくら》をつくり、歳神《としがみ》の来臨を待つ。現在《いま》ではそれが省略される傾向にあるが、古くは、歳神座は常設の神棚とは別に仮設でつくる例が多くみられた。

歳神の神座には、大別して二つの形式がある。ひとつは、とくに近畿・中国地方の農村に多い「拝《おが》み松」。もうひとつは、東日本に多い「年棚」(歳棚)である。

拝み松は、床の間に米俵を置き、上にマツを飾る。地方によっては、土間に設置するところもある。米俵には秋に収穫した種籾《たねもみ》を入れる事例が少なからずある。翌春に播《ま》いて再び収穫するために不可欠なものであり、人びとはそこに穀霊が宿っていると信じた。その神座をみるかぎりでは、歳神は農神としての性格が濃い、ということになる。

昭和四〇年ごろまでは、拝み松が各地でみられた。たとえば、以下のような報告例がある(『日本の民俗』《全四七巻　昭和四六～五〇年》より。原文を尊重したが、一部で文体の統一をはかった。地名は調査時のまま)。

＊床の間や台所などに米俵・桶・一斗桝に五葉の一本松を立て、鏡餅を供えて祀るが、歳徳棚のかたちをとるところでは、その年の恵方に向けて祀る（京都府下）

＊大黒柱の傍らや床の間などに新米の俵を置き、その上に松を立てる。松には注連縄、前には灯明・鏡餅・カキ・クリ・ミカン・つくね豆（大豆を餅でつくねたもの）などを供える。これに餅花や蓬萊山などを供えるところもある。また、家によっては、これとは別に、床の間に年徳さんの像を描いた軸を掛ける（大阪府能勢地方）

＊家によっては、四俵積んでいた。俵は、籾と米で、根付の松・ゆずり葉・ウラジロ・ふくらし（赤い豆）・黒豆の枝・するめ・つるなどで飾る（岡山県上横野）

＊年神さんは、ナンド・オクラ・クラ（押入れ）などに飾るとかで、板で棚をつくり明方に向けて飾る地方がある。年神さんは暗いところが好きだとして、筵《むしろ》、屏風などで三方を囲み女を近づけない。年神さんの足といって俵二俵を置き、その上に新筵を二つ折にしてのせる。この米はワサウエのときに食べる。筵の上にはトシオケ・鏡餅をのせる。年神さんのカケエを飾り、その前にカケザオ（クリの枝など）を置き、串柿、カケウオ、糸でつないだかち栗、ハナモチなどをかける。トシオケには、白米一升二合（約二・二ℓ）・ツキモチ（月餅）一二個（うるう年のときは一三）、千石餅・串柿・田づくり・小紙二帳・うらじろなどを入れる。飾りつけが終わるとアラスナをまく（鳥取県下）

萩原秀三郎『目でみる民俗神　第二巻　豊穣の神と家の神』では、土間に置いた臼《うす》に注連縄を張り、その上に鏡餅を飾る事例が秋田県横手市、千葉県市川市、熊本県天草地方で紹介されている。それは、「幸木《さいわいぎ》」としての紹介であるが、拝み松に準じる歳神迎えの装置化とみてよいだろう。

年棚は、年徳棚（歳徳棚）とも恵方棚ともいわれ、歳神がやってくる方角（一般には恵方）を向いて拝めるよう、居間や台所の天井から吊《つ》るされている。この棚に、鏡餅などを供える。また、先祖の位牌《いはい》を共に祀るところもある。恵方観を取り入れたのは、江戸の町人社会であった、と先に仮定した。そのことからも、これは、都市型の神座として東日本一円に広まったのであろう。

これも、以下のような報告事例がある（前掲『日本の民俗』より）。

*年越しの夜は、歳神さまのためにわざと大戸を二寸ほど開けておく（青森県上北地方）

*一対の吊り棚のひとつに歳神、もうひとつにオミタマを祀る。オタナは、その年の恵方に向けてつくるのでメグリダナというところもある（群馬県北橘《きたたちばな》村）

*三〇日夜に門松とともに採ってきた長さ二尺五寸の松の幹三、四本を薪《まき》のように二

仮設の歳神座　座敷に設けて豊作を祈る（鳥取県南部町）。山陰や四国では、土間に設けるところもある

常設の歳神棚　ここでの歳神は、御歳大神。寿福両神や艮坤一切金神などもあわせて祀られる（岡山県美星町）

つ割りにし、丸い外側を上に、平らな内側を下に向け、新藁で綯《よ》った縄を使って大神宮の右横に天井から吊るし、年棚の中央に藁を束ねて置き、御幣をさして歳神とし、その前に鏡餅を供える（東京都西多摩郡）
＊台所の明きの方に年棚をつくる。歳神・えびす神・コトガミサマを祀り、膳《ぜん》も三つつくる（新潟県大谷地）
＊座敷の隅に神棚をつくった（香川県、島嶼部や阿波との国境の村など）
＊正月棚を天井から吊るす。それは、正座敷の天井に吊るされた木の棚で、その年の恵方に回転するように仕付けてある。歳末になると、その棚を正月のカミを迎えるところとして注連を張り、ダイダイ・カケノウオ（掛けの魚）・鏡餅・神酒・洗米・なますを供え、灯明を灯して歳神を祀る／屋敷内にその年の方位にイチゴの葉を地面に敷き、椎の白木の小杭でおさえ、榊の小枝を立て、白飯・なますを供えて歳徳神の依代とする地域もある（徳島県下）
＊座敷の前の間、大きな鴨居の上部に大棚を吊る（愛媛県下）
＊家のヒロマに恵方に向け歳徳棚を吊る。松を二本立て、ダイダイ・木炭などを輪注連に挟んで松に飾る。お膳《ぜん》二つとカケダイ二匹を供える（大分県国東《くにさき》地方）
以上のように、歳神を迎える神座や供物に各地各所で違いがみられる。しかし、歳神の

神座を重視してそこに餅や種々の食材を供えるということでは、共通点が見出《みいだ》せるのである。ここにも、一年の豊穣《ほうじょう》を祈念する人びとの姿勢がよみとれよう。

なお、私の郷里の備中地方（岡山県）あたりでは、とくに年棚を設けることはしない。常設の神棚に歳神の神札《おふだ》を祀る例が多かった。

それは、神主が家祈禱《やぎとう》（正月祈禱）で新調し、神床に祀って拝んだものである。

御歳大神祈念祭　家内安全　除災招福　祈曰

そうした筆文字が書かれている。他に「壽福両神」「艮坤一切金神」「天地諸神」の神札があり、これが一緒に祀られているのだ。その神棚は、ふつう奥の間（客間）か中の間（客間の隣）の東向きの長押《なげし》の上に設置されている。それを「歳徳棚」という家も多い。

なお、「竈神《かまどがみ》」と「水神《すいじん》」は、家祈禱では一緒に神床に祀って拝むが、後で主人がそれぞれの神棚（台所と井戸）に祀り直すのである。

そうした家祈禱の慣習は、江戸時代までさかのぼって確かめられる。以来、ほとんどの家々でそれを伝えてきた。私の祖父などは、正月明けから彼岸まで、毎日三軒平均の家祈禱を行なってきた。神札や御幣の仕度に一時間少々、太鼓を叩いての祈禱や神楽に約一時間（前段・後段）、そのあと直会《なおらい》の食事をいただくと、一軒で三時間以上かかることになるのである。

現在、その家祈禱も半減した。世代交代で勤めに出る人が多くなったから、という理由が大きい。そこに、私も関係する。諸神社の祭典を優先して東京との往反をくりかえして、年間で七、八〇日。それ以上、家祈禱までは手がまわらないのだ。それで諦めて、家祈禱を中断した家も少なからずある。時どきに伝統文化の重要性を説く立場にあって、内心忸怩《じくじ》たるものがあるのだ。

鏡餅も歳神の依代

鏡餅も歳神《としがみ》の依代《よりしろ》とする。

飾り松に米俵、それに鏡餅とは、そんなにカミの依代が数あってよいのだろうか、と疑問に思われる方もあるだろうか。

日本の伝統では、それはまったく問題がない。神社の祭礼でも神籬《ひもろぎ》に御幣《ごへい》、それに幟《のぼり》や神輿《みこし》にまで、カミは依《よ》りつく。日本でのカミは、その時どきでいくつもに分霊も可能である、としてきたのだ。祈禱《きとう》や神楽《かぐら》の呪文でいう「分御魂《わけみたま》　奇御魂《くしみたま》」が、そのことを言いえているのである。

したがって、神無月《かんなづき》になると神々は出雲《いずも》に集まるので本拠が空になるのではないか、という心配も無用である。平たくいうと、外務大臣に相当するカミが出雲サミットに出向くだけのことである。

歳神もマツに依りつき、しかるのちに鏡餅にも依りつくのである。

一般に、神まつりでは、鏡餅の他に御飯《みけ》と御酒《みき》が供えられる。御飯が白飯であるか赤飯であるか、御酒が清酒であるか濁酒であるかは、いうなれば些細《ささい》なこと。いずれにしても、米の加工品、三品が最上位に供えられるはずなのである。

もっとも、この慣習も、稲作が発達し、米本位の思想が普及してからのちに定まったことに相違ない。が、すでに長い伝統であることにも違いない。

古来、米粒にはイネの霊力（稲魂《いなだま》）が宿ると信じられてきた。それは、ひとつには、稲《いな》籾《もみ》の再生と生長の循環が明確であったことがあげられよう。また、その食用がエネルギー源としてもすぐれていたことがあげられよう。したがって、稲魂信仰は、古くから稲作が生産基盤となっていた東アジアの各地にみられるものなのだ。とくに、日本列島は、稲作の伝播《でんぱ》では北限の地にあたる。耐寒性の品種改良を重ねることになった。先祖代々が労苦を重ねたところで、安定した今日の稲作があるのだ。そして、稲魂信仰が祖霊信仰とも相まってより濃厚に伝わることになったのである。

そこで、その米粒を凝縮した餅や酒は、米のもつ神聖な力がとくにこもった食べものとみなされてきたのだ。それをカミに供え、そののちに人びとが食べることによってイネの霊力が人びとに移り宿る、ともされてきたのだ。

正月の鏡餅は、その象徴といってよい。鏡餅は、いうまでもなく床の間や神棚に供える餅。「御鏡《おかがみ》」とも呼ばれる。中高の丸い餅で、食べる餅よりも一まわりも二まわりも大きいのが一般的である。それを、一般には二つ重ねて供える。

鏡餅が依代であることは、「鏡」を冠した呼称があることからもうかがえよう。鏡は、三種の神器のひとつに数えられる。古来、心霊は鏡に依りつくとされた。神体が鏡となっている神社も少なくない。また、鏡山、鏡石、鏡池、鏡坂など、鏡という字を冠した地名のところは、そこに社がなくてもカミが天降《あまくだ》りしたとされる聖地であることが多いのだ。

鏡餅は、その形状が丸いことに意味がある。ある時代から、食用の餅はのし餅（角餅）として分布した東日本の各地でも、鏡餅にかぎってはすべて丸餅なのである。

その丸餅を重ねる。これは、一説には心臓をかたどったもの、といわれる。もっとも、古代の日本人がどれほど心臓のかたちを明確にとらえていたかどうか。たぶん、後の世に流布した俗説であろう。それに、中高の丸餅だけでなく、上賀茂神社（京都市）の「御船餅」のように円板形の薄い丸餅も存在する。しかし、そうだとしても、それは生命力の更新をはかるのにもっとも適当なかたち、として整えられたのに相違あるまい。

なお、カミの依代ともなった鏡餅は、人数分に割って分配する。

私が担当する大小の神社の祭典の後でもそうである。御飯と御酒は、そこに参列した人たちで粛々といただく。それが、直会《なおらい》である。御餅は、その場では食べにくいこともあるが、分配して持ちかえるのだ。

それを、各々の家では、焼いたり煮たりして家族で食べる。それで「おかげ」が万遍なくいきわたったということに相なるのである。

神人が同じものを共食する。そこに、日本でのまつりの大きな意義があるのだ。

正月の場合は、雑煮がそうである。

それにしても、おめでたい食べものに「雑」を冠するとはいかに、と問わなくてはならない。「総煮」とか「惣煮」と記した方が似つかわしい。事実、江戸時代の文献にはその表記例がみられるのである。

総煮（惣煮）とすれば、その土地でその時期に穫《と》（獲）れる種々《くさぐさ》の副菜を合わせた旬の馳走《ちそう》、ということになる。冬枯れどきであるから、ありあわせで間にあわすことにもなる。小地域ごとに違いが生じるのも当然なのである。いや、家系ごとに違いが生じるのも当然なのである。

そこでは、何といっても餅が重要である。そして、雑煮を馳走として食する本来の意味は、年重ねにあった。餅に歳神の御魂《みたま》を分け授けてもらい、福寿を願って食するのだ。だから、「餅の歳食い」などという習俗が各地に存在したのである。

あるいは、その意味を重視すれば、雑煮は鏡餅を下げて切り分け、それを調理して食するのが正当であろう。氏神のまつりなどでは、「御魂分け」といってそうした慣習がみられるのに、正月の餅だけが別の形式というのもおかしなことである。神饌《しんせん》の分配の意味からすると、鏡餅は正月のうちは毎日供え替えるべきものであっただろう。そして、それを切り分けて雑煮にすべきものでもあっただろう。それが、鏡餅を七日なり一五日間の供えつけとし、御魂分けの意の餅は、別に小餅（丸餅やのし餅）を用意しておくことになったのは、私たちのご都合主義によるもの、といわざるをえない。

その理由としては、寒さを問題にすべきであろう。その時期、供えおいた餅は、固くなっており、簡単に包丁で均等に切り分けることができない。また、切り分けたとしても、ひび割れたりそげたりしており、湯がくのに適当でもない。ゆえに、それはトンド（ドンド、左義長《さぎちょう》ともいう）を待って、不均等に割れたままを焼くしかないのである。

また、寒冷な地方では、小餅の保管もむつかしい。やはりひび割れたりそげたりする。これは、餅の中の水分や空洞のせいであり、手で丸めたのではそれを十分に押し出すことができない。ゆえに、麺棒《めんぼう》で力をかけて伸《の》してそれを押しだしたところで、切り餅とするのだ。寒冷な場所では、丸餅よりものし餅（切り餅）の方が保存しやすい。したがって、民俗学や食物学で丸餅か切り餅かの分布をとりあげることが通例化しているが、そのことをことさら問題にすべきではないだろう。

本義は、あくまでも、丸餅にある。寒冷地といえども、鏡餅は、例外なく丸餅である。それを直視すべきなのである。

あらためて、いっておこう。鏡餅の分配は、この際の「おかげ」の分配は、歳神の「御魂分け」である。

私などが子どものころは、子どもたちだけで組内《くみうち》という小字《こあざ》単位の家々を巡っていた。行った先々で、小餅ひとつとミカンひとつをもらう。それが、楽しみであった。そのとき、何人もの主婦が、「これは、ウチの歳神様からのおすそ分け」といって渡してくれたのを覚えている。

広島県の西部には、ドンドンとかトロトロといって籠を玄関口に置いて玄関の戸を叩いた後で隠れる遊戯的な行事があった。家の者が出てきて、籠の中に小餅や菓子を入れてくれるのを待ち、人気が消えたところでそれを持ちかえり、しかるべき方法で分配するのである。子どもの遊戯といえばそれまでだが、これも御魂分けに類する、とみてよいのではあるまいか。

歳神様からのおすそ分けが、すなわち御魂分け。それが「歳魂《としだま》」の元なのだ。「年玉」と書き、小餅が金銭に変わったところで本義が通じにくくもなったのである。

歳神は年内安全の守護神

ここで、「歳神《としがみ》」の正体は何様かを問うておかなくてはならないだろう。

といっても、私自身は、歳神とはその一年を守護してくれる来訪神である、とすればよいと考えている。正月に歳神を迎える諸行事を伝えてきた、その土地土地の代々の人びとの多くも、そう思ってきただろう。それが正解、とすればよろしいのである。

しかし、一方で民俗学の分野では、歳神の出自や神格については定説化をこころみることがなされてきた。そして、その元は祖霊であろう、という見解がほぼ認知されている。それは、柳田國男《やなぎたくにお》の論考にはじまる。

柳田國男には「歳徳神の御姿」という論考があり（『先祖の話』所収）、そこで歳神（歳徳神）を先祖霊とする理由を二つあげているのだ。少し長くなるが、引用して紹介する。

この神をねんごろに祀れば、家が安泰に富み栄え、ことに家督や田や畠が十分にその生産力を発揮するものと信じられ、かつその感応を各家が実験していたらしいことで、これほど数多くまた利害の必ずしも一致しない家々のために、一つ一つの庇護《ひご》支援を与え得る神といえば、先祖の霊をほかにしては、そう沢山はあり得なかったろうと思う。

また、もうひとつには、歳神の容姿の伝承を理由にあげる。福禄寿《ふくろくじゅ》（佐賀県下）、尉《じょう》と姥《うば》（福島県の海岸地方）などの伝承をとりあげ、「家を富ましめ田畠を豊穣《ほうじょう》にする以上に、年を与えることまでが年神の力であったとすれば、いよいよもってこの神のもとの地位は明らかである」という。

霊融合の思想、すなわち多くの先祖たちが一体になって子孫後裔《こうえい》を助け護《まも》ろうとしているという信仰を考え合わせると、子供に親しみを持たせるためには、これより好い名は無いのであった。そうしてまた我々の氏神様も、もとはしばしば同じ老翁の御姿をもって、信ずる人々の幻覚に現われておられるのである。年神を我々の先祖であったろうという私の想像はここに根ざしている。

これが、以後も民俗学の分野では重視されてきたのだ。

そして、正月を盆と対比させ、両者とも「魂《たま》まつり」の機会であった、とする説も強調されるむきもでてきた。もちろん、それも軽視できない視点というものだろう。

一方で、歳神を農神（農耕神）とみるむきも根強く潜在する。

先に掲げた米俵に松枝を立てて歳神の神座《かみくら》にしたり、鏡餅を供えて歳神の依代《よりしろ》としたりする稲魂《いなだま》信仰のかたちがほぼ全国的にみられる。とくに、近世の幕藩体制下の米本位制の影響が大きかっただろう、とも思えるが、これも軽視できない視点であろう。

もちろん、それぞれの見解があってよい。その土地土地での伝承も多様である。ただ、学問的にいうところの形態分類をこころみようとすればするだけ、庶民社会での伝承から遊離していくことにもなる。それぞれが祖霊神とか農耕神、あるいは漁業神とか商業神と言い伝えていれば、それはそれでよろしいのだ。ゆえに、「歳神」の表示のとおりに、すべての家業での「除災招福」「家内安全」を約しての一年の守護神である、とここでは位置づけておきたいのである。

田の神はサンバイサン

かつては、田植えのときに「サンバイサン」を祀っていた。はじめの田植えを行なう田圃《たんぼ》の水口《みなくち》（水の引きこみ口）に、それを祀《まつ》った。あるいは、苗代《なえしろ》の水口に、それを祀った。ゆえに、これを水口祭ともいった。あるいは、家の庭にそれを祀るところもあった。

サンバイサンという言葉は、全国的にもまま通じる。民俗学関係の報告事例も多い。とくに、中国地方や四国地方の農山村での伝承が顕著であった。サンベイとかオサバエと呼ぶところもあった。

サンバイに「三束」という字を当てるのが一般的である。苗三束《なえさんば》が田の神の依代《よりしろ》や神座となる。サンバイサンという言葉が通じにくい東日本の農村でも田の神まつりに苗三束を供えるところが少なくなかったはずである。

他に、「三把」とか「三祓」とか「三拝」を当てるところもある。

祀り方はさまざまである。私の郷里だけでも、いくとおりかの祀り方があった。郷里の備中地方でのサンバイサンは、田植え用の苗三束を神座《かみくら》に使う。三束の苗の上にカキ（柿）の葉を敷く。そこに、豆ご飯を少量供える。白飯だけの例もある。家によっては、正月に神棚に供えた干鰯《ほしいわし》をここに移して供える。それに、枝木を折った箸を添える。

その後方に、緑の枝木を立てる。多くは、ウツギ（空木）の枝であった。その時期、山でもっとも新緑が鮮やかだったからであろう。カシ（樫）やカヤ（榧）などの柴木の場合もある。

そうした山の枝木を手折って持ち帰り、そこに立てることは、すなわち田の神を山から迎えんがためにほかならない。歳神《としがみ》を松降ろしで勧請《かんじょう》するのと同様のかたちである。事実、それを「サンバイ降ろし」ともいった。

このサンバイサンを祀るのは、家ごとの行事であった。が、昨今はそうしてサンバイ

サンバイサン　三束の苗の上に柿の葉を置き、白飯を盛る（岡山県美星町での再現例）

サンを祀る風景がみられなくなった。

私の本務は宇佐八幡神社（岡山県美星町）であるが、氏子数は二四〇戸。ご多分にもれず、少子高齢化が進みつつある過疎のムラ（大字単位の村）である。総代会（二〇人）を通して、サンバイサンを祀っている事例を調べてもらった。その結果は、皆無であった。

田植機の普及にあわせるかたちで、サンバイサンを祀らなくなったのである。いわゆる経済の高度成長期以降のことである。たぶん、その高度経済成長期は、歴史上でもっとも急激にして画一的な生活革命期であった。機械化と都市化のなかで、多くの伝統的な生活が激変した。あるいは、激減した。

いくつかの理由がある。

たとえば、田植機の導入以前と以後とでは、サンバイサンの神座となる苗に決定的な違いが生じたのだ。田植機で用いる苗は、それ以前の苗よりも細くて短い。倍以上、細くて短い。したがって、束ねてみても腰が弱い。それに、ご飯やイワシ（鰯）を乗せるのがむつかしいほどに頼りないのである。

もうひとつの理由は、田植えの時期が早まったのである。

それは、いなかでも、高度経済成長期における各種の製造工場の増設にあわせて勤め人が増えることになったからだ。すると、農作業は週末に集中することになる。とくに、短

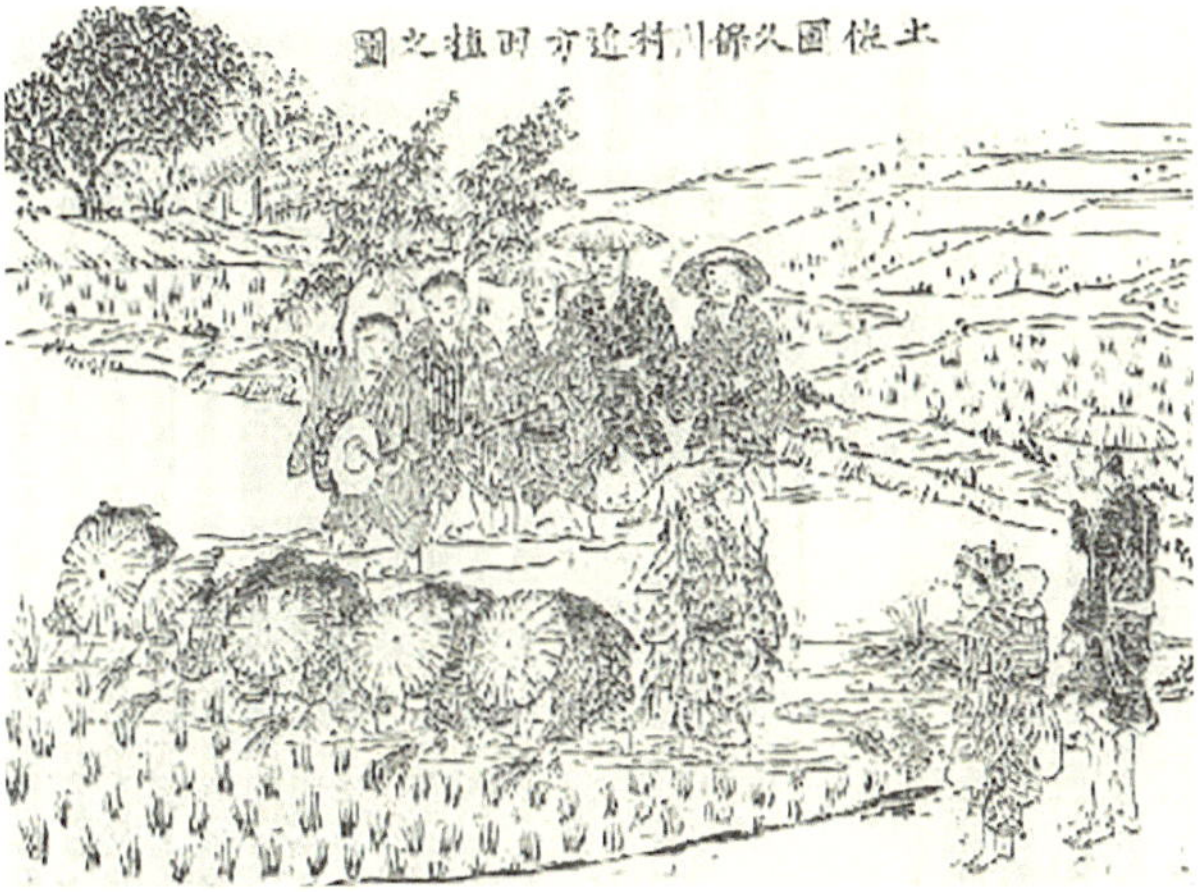

田植まつり　かつては、農作で田植えがいちばん大事な行事であり、土佐でも一番田の予祝祭は、「囃子田」とか「太鼓田」といっていた

期に労働を集約する必要のある田植えが週末だけではできなくなり、五月初旬の連休に移す例が増えてきたのだ。一ヵ月以上も前倒しになったのだ。

その時期には、ウツギの若木も、まだ頼りない。カキの葉も大きくはない。それもあるが、サンバイサンを祀る人びとの余裕も失せたのである。

たぶん、他の地方でもそうであっただろう、と思える。

しかし、それを伝えるところもある。広島県の東北部では、サンバイサンを祀っての水口祭が伝えられているのだ。

そこは、大田植が盛んなところである。大田植は、大字《おおあざ》か小字《こあざ》単位のムラ（田植組）で伝承されている田植まつりである。花田植・はやし（囃＝囃子）田・供養《くよう》田植・いさみ田などの呼称がある。そのうち、壬生《みぶ》の花田植（山県郡千代田町）・安芸《あき》のはやし田（山県郡大朝町大字新庄、高田《たかた》郡高宮町大字原田）・塩原の大山供養《だいせん》田植（比婆《ひば》郡東城町）が国の重要無形民俗文化財指定を受けている（所在地は、指定時のまま）。そのほかにも、広島県の中国山地には少なからず大田植が伝わる。隣接する島根県の東南部や岡山県の西北部にも分布をみる。それらの多くは、県指定の無形民俗文化財である。

それが、ムラでの共同作業であるということだけでなく、いち早く文化財指定の対象となったことが水口祭の保存、伝承にも役だった。型くずれを相互にいましめることにもなったのだ。むしろ、年々取材人や見物人も増え、より活気を呈《てい》しているところもある。

私は、新庄の「はやし田」を観たことがある。といっても、昭和四五（一九七〇）年のこと。記憶に曖昧なところもある。

たしか、大田植の前にその田の畦《あぜ》にサンバイサンを祀っていた。サカキの枝木とクリの枝木が合わせて立てられていたように思うが、これが定かでない。御幣《ごへい》は立てられていなかった。

その枝木の下に、苗が三束。その上に幅広の葉が敷かれていた。ヒロシマナの葉だったか、チシャの葉だったか。県の教育委員会に勤めていた知り合いにたずねてみたら、どちらでもあり、という答えが返ってきた。

そこに、サンバイ飯という焦《こ》げたご飯が供えられていた。その理由はわからないが、サンバイサンは焦げ飯がお好きだ、という伝承はあちこちにある。田主《たぬし》が、そこに一升瓶の酒を持ってきて撒《ま》き供えた。さらに、それを作業にあたる人たちで共飲したかどうか。たぶん、そうであっただろう。

現在でも、そうしたサンバイサンを祀っての水口祭は、大田植のはじめには行なわれている。神主や僧侶がそこで祈禱をする例もある。

中国山地に伝わる大田植

田植えがはじまる。「はやし田」というがごとくに、にぎやかにはじまる。男が二人、太鼓を叩きながら音頭《おんど》をとる。この音頭とりのことを、サゲという。ウタダイク（歌大工）ともいう。これは、各地に共通する。

他にも、ささらや鉦《かね》が入ることもある。が、太鼓は欠かせない。音頭に合わせ、早乙女が田植歌をうたう。早乙女の数は、ところによって数人であったり一〇人以上であったり。かつては無垢《むく》な乙女であることで選ばれたが、現代ではそのかぎりでない。その揃いの歌声が、大田植の華となるのである。

サンバイサンを祀《まつ》る行事や食事を含めて、半日で一枚の田を植えることになる。一枚の田とは、ところによって違うが、約一反歩（一ヘクタール）。その田植組が小さければ、何日かかけて各家を巡るのが、古くからのかたちだっただろう。それだと、費用や労力の負担が平等である。そして、各家の一番田だけを楽や歌で囃《はや》せば、あとは相互扶助をもって田植え作業に効率よく集中もできるのである。

田植組が大きくなれば、各家ごとにとはいかない。毎年、田主を一人か二人に決めて、そこで大田植を行なうことになる。もちろん、その費用は、組の全員が負担する。また、勧進《かんじん》元があっての大田植もあった。大地主や豪商人が全費用を出し、囃方《はやしかた》や早乙女を雇い、その集落の人たちを招いてふるまうかたちである。近年はみられなくなったというが、昭和四〇年代まではその記録もある。

ところで、サンバイサンは、田植歌のなかにもしばしば登場する。

中国地方のそれについては、牛尾三千夫さん（一九〇七～八六年）が詳しい。私も若いころ、牛尾さんには何度かお会いしてお教えもいただいた。ということで、ここでは敬意をもって「さん」付けとする。

牛尾さんには、『大田植の習俗と田植歌』という戦前からの綿密な調査にもとづいた名著がある。そのなかから、「さんばい降し」の田植歌（昭和四三年、広島県高田郡高宮町で採録）を引いておく。

次のさんばい降しの唄になると、拍手で歌う。

哥大工　アーさんばいさんのござるやら露こぎわけての

早乙女　アー錦の脚絆はいて綾の甲掛け召しての
以上七回反復して（所要時間二分二〇秒）、次は再び赤名節で、
哥大工　苗代のヤーレ三角のかどにや奉れのサー奉れの
早乙女　ハリャ奉れやヤーレ三角の神がござる
哥大工　アリャ苗代のヤーレ三角のかどに奉れのサー奉れの
早乙女　ハリャ奉れやヤーレ三角の神がござる
以上五回繰り返して（所要時間一分五八秒）、神の前にはの唄になると半カケで歌う。
哥大工　神の前には三把の苗を供へよやアーヤレ三把の苗を供へよや
早乙女　ヤーハーレヤハレ三把の苗を
哥大工　アーヤーアレ三把の苗を
早乙女　ヤーハレヤハレ三把の苗を
半カケは又土師節《はじぶし》とも云い、七回繰り返して（所要時間二分四四秒）終わる。この後に一回腰唄を歌って、休憩する。
（各節ごとの秒数は、削除した）

ここでは、数に意味をもたせた歌詞であることに注目したい。
これより前に、稲だけでなく五穀豊穣を願っての「神降ろし」歌（赤名節）がある。こ

のカミは、山からの田の神であろうことは想像にかたくないが、ここでは、それにふれない。次に「三角の神」がでてくる。サンバイさんが苗代《なえしろ》に祀られたところで、三角の神となる、と読みとれる。三に意味をつないでいる。ここでの三は、吉兆。そして、最後に「三把の苗」となり、サンバイサンの神座《かみくら》が明らかになるのである。

なお他でも、宮城県下には「種おろし祝い唄」がある。「サァサ出ますよ　サンバイ様は　葦毛《あしげ》の駒に　手綱《たづな》よりかけ　今おろす」（ほるぷ民謡全集②東北I『幸を運ぶ人びと』より）。種おろしとはいうが、中国地方でのサンバイおろしに類似の歌詞に注目しておきたい。

中国地方の大田植には、その場で山から勧請《かんじょう》するサンバイサンのまつりのほかに、伯耆《ほうき》（鳥取県）のダイセンサマ（大山様）を勧請してのまつりがある。これは、「供養田植」と呼ばれるもので、たとえば比婆郡高野町に伝わる次のような田植歌がある。

サゲ　〽ヤァレ供養にゃ　大山様を　迎えよう
（早乙女）ハァ　大山様を
早乙女　ハァーハイ　迎えよや　大山様を
サゲ　〽ヤァレ供養は　何のために　するもの
（早乙女）ハァ　何のために

早乙女　ハァーハイ　するもの　牛馬のために
サゲ　〽ヤァレ供養にや　大山小屋を　たてよや
(早乙女)　ハァ　大山小屋を
早乙女　ハァーハイ　たてよや　大山小屋を

（前掲『大田植の習俗と田植歌』より）

ここでは、ダイセンサマ（大山様）を招呼する。

かつては、実際に大山に行って神札《おふだ》をもらってきていた、という。

ここでは、牛による代掻《しろがき》作業をたたえることが重要になる。右の田植歌にあるように農山村で農耕に用いた牛を、この際ねぎらおうとするのだ。これは、かつて大山講の組織が強化されたところで定型化したのであろう。

ダイセンサマを祀る供養棚を設ける。その前で、美しく飾られた牛は、祓《はら》いを受ける。ここには、神主と僧侶が同席して、神主は祝詞《のりと》を、僧侶は般若経《はんにやぎよう》をあげる。この現代では特異ともいえるかたちも、大山神社での神仏混淆《しんぶつこんこう》の時代が長かったことを考えると、当然といえば当然のことである。

供養田植での田植歌の唱法は、ナガレといわれる。サゲ（太鼓と音頭）と早乙女が一節ごとに交互に歌うもので、比較的にゆるやかである。はやし田でのにぎやかさはない。

「はやし」と「供養」の違いが田植歌からもうかがえるのである。

かつては、この種の供養田植は、神石郡《じんせきぐん》（広島県）や阿哲郡《あてつぐん》（岡山県、現在は新見市）でも行なわれていた。それは、伯耆大山に近いところであったから、といえよう。

私の郷里でも、供養田植こそなかったが、ダイセンサマのまつりは各所で田植え前に行なわれていた。山のなかに祀ってある小祠《しょうし》でのまつりであるが、かつては農耕牛をそれぞれが引いて登拝していたものである。これも、耕運機や田植機の普及とともに絶えた。

なお、『大田植の習俗と田植歌』は、牛尾さんが亡くなる直前の昭和六一（一九八六）年に刊行されたが、その時点で氏は次のように述べている。

「中国山脈両麓の裾わの田舎に残って来た大田植の方法も、今は大方滅びゆくばかりになっているのが現状であろう」

その危惧は、半分当たっている。無形民俗文化財の指定から漏れたものはほとんどが、もう存続していない。しかし、文化財指定を受けたものは、大半が存続している。とくに、国指定の前記三件は、むしろ隆盛をきわめることになった。情報社会でもあって、人が人を呼ぶ。地元の人よりも見物の人が多いほどだ。最前列には、カメラが列をなしており、その席とりもむつかしいほどなのである。

牛尾さんが見られたら、何といわれるだろうか。

正月明けにも田の神まつり

サンバイサン（田の神）を田植え前に祀《まつ》る。

その祀り方は、地方により時代によりさまざまである。が、それを総じて、豊作を願っての予祝行事とする。

予祝行事としての田の神まつりは、正月明けにも行なわれる。当然といえば、当然である。田植えは、苗床《なえどこ》から水田に移植する苗の成長と引水の加減などを合わせてみると、短期間での集約作業となる。田植え時は、少しの時間も惜しいというところでは、その予祝行事をずらすことも妥当、となるのである。

その時期は、農家にとっては一年でいちばんの閑期となる正月明けがよい。それも、妥当というものである。

さらに、歳神《としがみ》と田の神の関係も深い。

正月くれば　歳徳《としとく》さん
節分過ぎれば　田の神さん
八朔《はっさく》過ぎれば　山の神

これは、備中は吉備《きび》高原から中国山地にかけての農山村部で伝えてきた俚言《りげん》である。うたうのではないが、たとえば祖父母から孫へのうたうがごとくの伝承があった。

石見《いわみ》地方では、別の俚言があった。これは、田植歌の一節にも入っている、という（前掲『大田植の習俗と田植歌』）。

三祓（さんばい）という神は　三度まつる神やれ
年徳にたなばたに　三度まつる神やれ

ここでは、なぜだか七夕が出てくる。正月（年徳）に七夕に、もう一度が田植。そこで、「年徳（歳徳）」にあらためて注目しておきたい。歳神（歳徳神）と田の神の関係は、もとより深い。これも中国地方で根強く伝わってきたところの、山からの「松降ろし」（歳神降ろし）と「サンバイ降ろし」。山を本拠として、季節ごとに里に降りてくるのである。

ここでの田の神は、山の神の分身とみるのが妥当であろう。歳神は祖霊とみるむきもあるが、そうした議論は、ともかくとし、農村においては代々が伝承してきた俚言が何よりも尊いのだ。それを素直に解釈すればよい。ここでは、歳神と田の神は、同類のカミであるということ。それが確認できれば、歳神が治める正月に田の神まつりを行なうこともむべなるかな、ということになる。

田の神を祀っての予祝行事の半分は、正月の内に行なわれてきたのである。

その代表が「田遊び」である。

農村での正月事はじめは、「春田打」。田の神の依代《よりしろ》としてのマツやサカキの枝木を立て、鍬《くわ》で耕す模擬をする。

私の郷里では、これを「ヤレホー」といっていた。私の子どものころまでは、一月一一日の早朝には、ヤレホーという掛け声が各所で聞かれたものだ。これも田遊びのなかの一類であろう。

「田楽」の元も田遊びにたどれるだろう。田楽は、現在では神社に奉納する芸能のように位置づけられもするが、田遊びから呪術的な要素を省いて舞踊化したもの、とみるのがよ

田植神事の苗　諏訪大社下社の「御作田の早稲」。一ヵ月ほどで実った、という伝説からそういう（長野県下諏訪町）

い。たとえば、かつての呪術師を髣髴《ほうふつ》とさせる絢爛《けんらん》たる仮装で、腰鼓《こしつづみ》を打ったり、拍板《びんざさら》（竹製の楽器）を鳴らしながら、場所を移し変えて舞う。曲芸化した舞もある。

畿内各地と三河地方（愛知県）に比較的に密度の濃い伝承がある。なお、田楽にかんする国指定の重要無形民俗文化財は、水海《みずうみ》の田楽（福井県）・西浦《にしうれ》の田楽（静岡県）・三河の田楽（愛知県）・那智の田楽（和歌山県）など。全国で二五件の伝承がある。

ここでも、そうした多様な展開をもつ。だが、田遊びとしての古典的にして中心的な所作は、田植えである。田植えの模擬である。

そこが神社の境内であるからといって、また、神主が関与するからといって、社頭儀礼とみてはならない。本来は、大田植と同じように田植えをする水田や苗代《なえしろ》で行なうものなのである。

時期を変えての、いいかえれば「見立て」。田植えに見立てるのである。

東北地方の農村では、雪の中に藁《わら》を立てて田植えの模擬をする。これを「庭田植」、という。

田遊びとは、田打ちや田植えの模擬をもっての予祝行事である。神楽《かぐら》のはじめを「神遊び」というがごとくに、あくまでもカミ（田の神）を招いての祈願に相当するのである。

田遊びでは、牛（人が扮《ふん》した牛）に鋤《すき》を引かせての田均《たなら》しや鍬を用いての畦塗《あぜぬ》りなどの模擬がある。そして、多くの場合、マツの葉を苗と見立てての田植えの模擬を行なう。

そこで、しばしば翁と姥とのやりとりが笑いを誘う。あるいは、作男と早乙女のからみが笑いを誘う。そこに、抱擁の所作（舞）や性的な会話がはさまれるからである。

もちろん、時代を経てそれがおもしろおかしく芸能化もされたところでの演技というものである。しかし、田遊びの本義を外すものではない。豊作予祝としての本義を外すものではない。

なぜならば、「穂ばらみ」と「子ばらみ」は対の願目であるからだ。いいかえれば、「五穀豊穣」と「子孫繁栄」と相なる。それを体現しているのである。

田植歌にも、そのことをたたえる歌詞がある。「穂ばらみ　子ばらみ　めでたや　めでたや」の類である。

「板橋の田遊び」がある。徳丸北野神社と赤塚諏訪《すわ》神社の境内でいずれも二月の半ばに行なわれる。そこは、現在では東京都の市街地のなかにあるが、江戸の開幕のころには、新田開発が行なわれんとした地である。関東ローム層のなかで保水の条件が悪い地である。そのとき、人びとは、どれだけの苦労をして稲作に取り組もうとしたことか。そうした風景を想像しながらこれを観ると、田遊びが秘める農民の切実な心情に近づけるかもしれない。

なお、田遊びの分野での国指定の重要無形民俗文化財は、この「板橋の田遊び」と「藤《ふじ》守《もり》の田遊び」「蛭《ひる》ヶ《や》谷の田遊び」（いずれも静岡県）など一〇件である。

田植まつりの尊さとは?

田の神を祀《まつ》ってのまつり。その時期や場所はそれぞれとして、実演なのか模擬なのかもそれぞれとして、総じて「田植まつり」としよう。

かつての農村社会にとっては、もっとも重要なまつりであった。といえば、秋の収穫祝いはどうなんだ、と反論されるかもしれない。もちろん、秋のまつりを無視していうのではない。

これも総じて、「秋まつり」としよう。かつては、新嘗祭《にいなめさい》という言葉も通じていた。これは、一般には氏神神社での祭礼として現在に続いている。

氏神制度が全国的に広まるのは、江戸時代は元禄《げんろく》(一六八八〜一七〇四年)のころである。幕藩体制のなかで、「一村一鎮守」がおしすすめられた。一方で、「檀家《だんか》制度」もおしすすめられた。政治的な統制からすると、一村一鎮守の制は戸籍管理に有効であった。檀寺・檀家の制は、宗門改めに有効であった。このあたりが、長期にわたっての安定をはかった幕藩体制のしなやかさ、というものである。

それに、明治政府による神社神道の公事化のなかで、宮中に準じるかたちで新嘗祭が最重要な祭礼として庶民社会にも及んできた。氏神神社での秋まつりに、ある種の権威づけがはたらくようにもなったのである。

それ以上に多くの言葉は要るまい。秋まつりは、神社に祀る氏神をはじめ、そこに縁《ゆかり》の深い神々に新穀を供えての「相嘗《あいなめ》」のまつりなのである。つまり、神社の内《なか》での祭典なのである。

本書では、社《やしろ》をもたない神々を相手のまつりをとりあげている。それは、アニミズム（自然信仰）やシャーマニズム（呪術信仰）の原始のかたちに相違ない。これまで、その伝承を受け継いできた日本という社会的な風土を尊いもの、と思いたい。そして、そこには時どきの政治権力による操作はほとんど及んでいないのだ。田植まつりがそうであり、そのところが秋まつりとの違いでもある。

以下は、私見である。

さらにさかのぼって想像してみると、春の田植まつりは尊いものであった。大胆に言えば、秋の収穫まつりよりも尊いものであった。

そのひとつの理由は、田植えに関係しては丁寧語が多く使われているからである。たとえば、以下のような言葉がある。

サナエ　（早苗）
サオトメ　（早乙女）
サナブリ　（泥田面をなぶる＝均すこと）

サニワ　（斎庭＝ユニワとも。神社の幣殿《へいでん》脇の庭のことだが、サナブリをした苗代田や田植えの一番田をそう呼ぶことがある）

サノボリ　（田植あがり＝田植祝い）

これらは、それぞれの名称の上に「サ」という接頭語が冠してあることが共通する。苗でも乙女でも庭でも通じるのに、わざわざ「サ」を冠する意味は、と問わなくてはならない。この際、「サ」が、早であるか斎であるかは、二義的なこと。「サ」は、清らかな、という意にほかなるまい。

ただ、言語学では、そこまでは説かない。「サ」は、「語調をととのえる語」としか述べられていないのだ（『広辞苑』）。しかし、これだけ田植えに関係して同じ接頭語の付いた言葉が並ぶのである。そこに意味があるはず、と思うのだが、いかがだろうか。

ちなみに、秋の収穫については、こうした類語はまったく使われていないのである。

もうひとつの理由は、人生儀礼と比較しての共通点である。

「稲を育てるのは、子を育てるのと同じ」

福島県や広島県の農村で、年配の女性から聞いた言葉である。

田植歌のなかにも、サンバイサン（田の神）の生まれや育ちを問う言葉が散見する。

「さんばいの生まれはいづこ六つのくに」
「さんばいのとりあげうばはどこだやら」
「さんばいのうぶ湯の清水はどこ清水」
「さんばいの湯上のきぬは何衣か」
「さんばいの乳付のうばはとなたやら」
「さんばいのうぶぎの小袖は何こそで」

（前掲『大田植の習俗と田植歌』より）

ここでは、サンバイサンを擬人化しているのである。それも、生まれたばかりの子どもになぞらえているのである。

そこで、とくに、植えたばかりの稲（苗）と生まれたばかりの子どもに対しての人びとの厚い心情を重ねることができようか。

事なく恙《つつが》なく育ってほしいのである。実り多い成長であってほしいのである。ならば、どうするか。

とくに、悪しき感染にも作用されがちなころの通過儀礼を厳重に行なうのが道理というものであろう。幼児でみてみよう。産湯《うぶゆ》、初宮（百日《ももか》参り）、初誕生（食い初め・歩き初め）、そして七五三など。とりわけ、この生長期の行事が盛んである。

そして、成人（かつては元服）を過ぎると、通過儀礼は少なくなる。あっても、親の手を離れる。

これを、稲の生長に重ねると、どうなるか。苗作り、田植え、田の草取りと、稲の生長を願っての手だてが続く。そして、八朔《はっさく》（旧暦八月一日）がくると、「田の実」ともいって、人間でいえば成人に相当のとき。あとは、天候まかせで収穫を待つことに相なる。

そうみていくと、サンバイサンを祀っての田植まつりが、農民にとってはいかに切実な祈願祭であったか、おわかりいただけるのではあるまいか。

正月さまござった
どこからござった
山からござった
（以下、略）

正月くれば　歳徳さん
節分過ぎれば　田の神さん
八朔過ぎれば　山の神

「山島」列島日本に住む私たちのまわりには、山々がある。四季折々を知らせてきた山々がある。その山々を遠望しながら、昔々のご先祖たちの暮らしのなかでの祈りに想いをはせてみる。

私たちには、そんな時間も大事なのではあるまいか。

第二章　原初に神体山あり

護摩祈願　修験山伏の大事な修法は、里では護摩祈願。とくに、一月の初寅の祈願が重んじられる（京都市毘沙門堂）

大山様の春まつりから（ケーススタディ②）

四月一五日は、花滝大山神社《はなだきだいせん》の例祭である。

花滝というのは、大字名《おおあざ》（岡山県芳井町）で、そこの八〇戸ばかりの氏神が「山神社《さん》」である。とくに、御山《おやま》を崇《あが》めているわけではないが、吉備《きび》高原上には山神社という氏神が点在するのである。

祖父の代から、この山神社を兼務社としている（本務社は、岡山県美星町《びせい》の宇佐八幡神社）。私の代になっても、そのまま山神社の例大祭（一一月二二、二三日）を務めている。そして、山神社の氏子内にある小宮《こみや》（荒神社や大山神社）の小祭《こまつり》も務めている。

大山神社は、小字《こあざ》に相当する三集落が伝える小宮である。

歩けば、山麓から半時間はかかる山の頂にある。現在《いま》、かろうじて普通車が上るようになったのは、中国電力の送電鉄塔建設のおかげである。

当番（頭屋《とうや》）の家で仕度をして、昼食後にそこに上る。軽トラックを連ねてはいるが、先頭の車の荷台で太鼓を打ちながらの宮上りである。

以前は、小さな社《やしろ》と神主が一人座って太鼓を叩いて拝めるだけの一間四方《いっけん》、吹き抜けの拝殿があるだけだった。それが、現在は、瓦葺《かわらぶ》きでアルミサッシの窓がついた、当番組の一〇人ほどは入れる拝殿に建て替わっている。これも、送電鉄塔のおかげである。

私は、拝殿に入る手前で北に向かって一拝をした。遥拝《ようはい》した。

その方向に伯耆大山《ほうきだいせん》（鳥取県）がある。この花滝の大山神社は、伯耆大山の神の分祀《ぶんし》とされているからである。

祖父も父も、そうしていた。私は、そのしきたりにしたがっているにすぎない。が、このごろは、そうした所作に質問する人も少なくなった。

伯耆大山は、本地垂迹説《ほんじすいじやく》以来の両部信仰（神仏習合）の代表的な御山であった。その主神・本尊は、大山智明大権現《ちみようだいごんげん》。明治以降の神社神道では、大山祇大神《おおやまつみのかみ》を主祭神とする。が、現在も大神山神社《おおがみやま》と大山寺《だいせんじ》が共存する。

信仰圏は、伯耆・因幡《いなば》（鳥取県）を中心に美作《みまさか》・備中《びっちゅう》・備前《びぜん》（岡山県）、備後《びんご》・安芸《あき》（広島県）、出雲《いずも》・石見《いわみ》（島根県）など、ほぼ中国地方一円に広がる。そして、一部は播磨《はりま》（兵庫県）や四国北部にも及ぶ。とくに、牛馬守護と雨乞い祈願の霊験があるとされた。中世から近世にかけて、大山修験《しゆげん》（山伏）によって開拓されたものであろう。

なかでも、備後地方では大山講が多く分布。大山大権現を直接勧請《かんじよう》しての供養田植も近年まで各所に伝わっていたことは前章でふれたところである。

備中地方でも、牛馬守護のカミとして大山信仰が盛んだった。

かつて、備中・備後地方では、牛飼いが盛んであった。そして、そこには「博労《ばくろう》」（馬喰）の働きが顕著にみられた。

博労は、まず牛の飼育を農家に委ねる。これを、鞍下牛《くらしたうし》とか預け牛、借りこ牛とかいった。その制度は、農家にとっても利便があった。その牛を預かって飼っている間は、労役に使えたのである。

かつては、何よりも田を犂《す》くのに牛が必要であった。また、荷物を運ぶのにも牛が必要であった。とくに、西日本の農村ではそうであった。ちなみに、関東や東北では、馬がよく使われたが、これは、アラブ種に代表される大型の馬の出現をまたなくてはならない。その歴史は、さほど古くはさかのぼれないのだ。そのところで、牛の飼育と使用の歴史は古いのである。

博労の腕のみせどころは、どの牛をどの農家からどの農家へ動かすかの判断である。一般的には、若くて足腰の強い牛を山地の農家に預ける。それから順次、高原から平地へと降ろしていく。老牛は、平坦《へいたん》な土地での労働。そして、最後は、港に近い屠場に連れていく。現在でこそ銘柄《ブランド》牛が評価されるが、かつては、そうした場所から都市に向けて牛肉が出荷されていたのである。

博労は、出産から屠畜までの牛の一生を管理するのである。それぞれの牛を、その状況ごとに移籍させるのだ。鞍下料（貸し賃）をとる例はあったが、預ける農家への飼育料は払わない。大地主がいれば、小作人への貸し牛として、まとまった数の牛を売りもした。

牛市での取引も行なった。もちろん、競売《せり》が主な取引となる。が、博労同士の直《じか》の売買も盛んであった。古くは、それが主流でもあった。

そうした牛飼いが盛んだったところで、大山神社のまつりが残存しているのである。花滝の大山神社の祭典であるが、修祓《しゅうばつ》、祝詞《のりと》申し上げ、玉串奉奠《たまぐしほうてん》と型どおりに進める。さらに、備中地方で特異な伝承であるところの「御神楽《おかぐら》」をもって祈禱《きとう》をする。そして、直会《なおらい》。その一連の行事については、小たりとはいえ神社内でのこと。ここでは、詳しくは述べないでおく。

大山神社を祀《まつ》っての、しかし、社をもたないところでの神事を一度だけ体験したことがある。

昭和四〇年代の後半から五〇年代にかけてのころ、耕運機が普及した。すると、牛に犂《すき》を引かせて田耕《おこ》しをする必要がなくなった。牛を飼う農家も少なくなった。その一方で、黒牛を乳牛に切りかえて、むしろ大規模な牛飼いをする家もでてきた。

K家もそうであった。ところが、まだ慣れきらないところで、事故が生じた。乳牛が病気にかかったり、骨折したりした。そこで、主人が頼みにきたのだ。

「ダイセンサマを呼んで、お祓《はら》いをしてもらいたい」、と。

その集落では、大山神社を祀ってはいない。それでも、そのころは、年配の人なら誰もが、牛馬に霊験あらたかなダイセンサマ（大山様）を知っていたのだ。

寝こんでいた父に相談した。

「神札《おふだ》を書いて持っていき、牛舎《うしや》の芯柱に立てて簡単な祭壇をつくる。まず、牛舎の四方、中央を祓い、神前で手刀《てがたな》を切ってから拝む。地鎮祭と同じようなかたちでよかろう」

そして、父は言ったのである。「行く前に、花滝の大山様に参ってから。ちゃんと仁義を通してから行くのがよかろう」、と。

父としては珍しい洒落《しゃれ》、とも思ったが、それも文化的な手順というものであろう。

日本の神々は、教義によって地位が定められているのではない。季節ごとに、人びとの祈願の筋ごとに主座に鎮まるカミが違ってくる。したがって、御幣《ごへい》であったり青葉であったり、また鈴であったり警蹕《けいひつ》(声を出しての導き)であったり。手水《てみず》であったり塩湯《えんとう》であったり、潔斎《けつさい》の法もさまざまある。時どきにカミを呼ぶ手だても違ってくるのだ。

けっして複雑に形式化しているのではない。その時、その所での最善の手だてを講じればよろしい、とするのである。

そして、最善の手だてが「より丁寧に」。伯耆大山を遥拝し、その分祀社に参拝し、その後で仮の拝所を設けて祈願主を祓う。神主とすれば当然の手順というものだろう、と私は納得した。

神のおわします山々

日本列島の各地に「神のおわします」山々がある。総じて「御山」、オヤマとかミセンとかいう。「オ」（御）を冠すことをもってしても、ある種の尊敬が認められる特別な山ということになる。

ちなみに、手元にある地図帳（昭文社版『日本地図帳』）を開いてみよう。オヤマは、東京都御蔵島《みくらじま》にある。ミセンは、京都府下と広島県宮島にある。

オンタケとかミタケも、同類とみてよかろう。「御嶽」とも「御岳」とも書く。オンタケは、木曾の御嶽山《おんたけさん》が有名である。鹿児島県下にも桜島、鹿屋《かのや》、諏訪之瀬《すわのせ》島にある。ミタケは、埼玉県秩父、東京都の奥多摩、長崎県の対馬などにある。

地図に掲載される呼称とは別に、それぞれの土地でその山を指して「オヤマ」と俗称する例は多い。あらためていうまでもなく、それらは、霊山として信仰の対象とされてきた。神のおわします山々なのである。

沖縄には、ウタキがある。これも、「御嶽」と書く。

沖縄諸島では、ウタキとかウガンと呼び、八重山地方ではオンと呼ぶ。とくに、高い山ではなく、一般には村はずれの樹木の繁ったところである。しかし、それは、沖縄諸島の地形によるもので、九州以北のオヤマ・ミセンと変わらない神のおわします聖域、とみてよかろう。

一方で、山岳信仰といわれるものが存在する。そこでは、神道や仏教が関与して発達した例が少なからずある。いちいち例をださないが、山に神社や仏寺が建っており、そこに祭神や本尊が祀《まつ》ってあり、それが信仰の対象となっている例もまた多い。が、もともと霊山に対する信仰は、教祖とか教義をもって生まれたものではない。民間にあって自然発生したものである。したがって、その土地土地でさまざまな信仰の型をもっている。そうした土着の信仰があったところに、神道とか仏教などの宗教が体系化する過程で関与することになった。修験道がそうして生まれた。

また、山の神にもいくとおりかの神名が付けられることにもなった。もっとも代表的なのが大山祇神《おおやまづみのかみ》（大山津見神）。仏教の影響を受けたところで、虚空蔵菩薩《こくぞうぼさつ》が祀られることにもなった。それも、見逃せない変容というべきだが、ここではそれ以上にふれない。

山の神は、オヤマのカミ。仏教や神道の体系化以前から広く信仰を集めていた「在来神」である。

古代社会においては、森羅万象《しんらばんしょう》のすべてが信仰の対象になった。なかでもとくに、オヤマに対する信仰では、深遠なる畏怖を伝えてきた。

オヤマのオヤマたる条件は、まず、その山容が秀麗であることである。遠目に眺めて、いかにも威風堂々として、何人《なにびと》をもってしても犯しがたい存在でなくてはならない。たとえば、全国各地に○○富士と俗称する山が多くあるが、そのほとんども、神霊の宿るオヤマとされているはずである。

伯耆大山　中国地方の代表的な神体山。沖ゆく船上からの遥拝も通例であった

岩磐　御山を崇めるところでは、岩磐を神座とする例が多い（三重県多度大社）

その意味では、高峰、あるいは巨山である方がよい。

それを、巨人とみた、とする説もある。たとえば、『中西進著作集1　古事記をよむ』では、一連の山の神々の名は、単に山の形から付けられたものではなく、山そのものを目の前にしつつ、山全体に生きて働く巨人を浮かべながら付けたものであるという。そうなのかもしれない。「山がそびえる」とか「山が走る」という表現は、山を巨人にみたててのこと、とすれば納得しやすい。

あるいは、もっと単純に考えてよいかもしれない。山は、表情が豊かなのである。じつにすがすがしく、穏やかな表情のときもある。雨にかすんでみえるときもあり、雲に隠れてしまうときもある。そして、火を噴いて揺《ゆら》ぐときもある。その表情の変化が、「とりよろふ」（『万葉集』で天《あま》の香具山《かぐやま》の冠詞。精霊が集まるさまをいう）として、人びとに畏怖の念を抱かせたのだろう、と想像することはたやすい。そのとき、高く大きな山容がより効果的であっただろう。

オヤマのオヤマたる次の条件は、空気の冴《さ》えである。ある程度の標高をもつ山であれば、その中腹から上は、空気が清く感じられるはずだ。さらに、そこに樹木が鬱蒼《うっそう》と生い茂っていると、なおすがすがしく感じられるだろう。山の「気」、あるいは、森の「気」というべきものがある。それが、「オヤマの霊気」なのである。

現在でも、たとえばさまざまな文明病の原因とされるストレスの解消法のひとつに、森林浴の効果があげられる。それに反論する人は、まずいないだろう。何よりも、山に入って空気の冴えを感じたことがあるかどうかを問えば、私ども日本人にはその体験が共有できるはずである。

とくに、日本列島は、その国土の三分の二を山地が占めている。しかも、急峻《きゅうしゅん》な地形が多く、そのほとんどが緑の樹木で覆われている。世界でも有数の森林国なのである。ただの「島国」ではない。「山島」列島というべきである。

したがって、ほとんどのところで、山は身近にある。そのあたりまえの風景のなかから、いかにもそれらしい山を選んで「御山」としているのである。

御山を遥拝　東京では、富士山・御岳山・三峰山などの遥拝例が多い（東京都諏方神社）

御山を遥拝するだけではすまない。村里のまつりや行事の時どきに、それにふさわしいカミを招くことになる。前章では、歳神《としがみ》と田の神を山から降ろし祀る事例をとりあげた。

いつの時代からか、ところによって違いがあるが、村里に神社ができる。多くは、御山を背に山麓に神社ができる。山から離れた平場に神社をつくるところでも、背に樹林をもつことになる。鎮守の森である。どこまでも、御山を意識してのことである。

その神社での祭礼では、祭神の渡御《とぎょ》が行なわれることがある。一般的には神輿《みこし》渡御である。

もう一方に「山車《だし》」がある。これを、ヤマとかヤマホコ、ヒキヤマともいう。形態はさまざまであるが、曳車《ひきぐるま》の上に屋台を設け、そこに楽《がく》（囃子《はやし》）が入る例が多い。その屋根に御幣《ごへい》や鉾《ほこ》が高く立てられる例も多い。

あらためて注目すべきは、それをヤマと呼ぶことである。表記に「山」を冠することである。御山を写してのこと、としなくてはなるまい。あくまでも御山を意識しての、それらのかたちなのである。

なお、こうした山車が、ユネスコ無形文化遺産に登録された（平成二七年）。正式な登録名は、「山・鉾・屋台行事」。京都の祇園《ぎおん》祭での山鉾、日立（茨城県）の風流物、佐原《さわら》（千葉県）の山車などの行事、三三件（国の重要無形文化財）がまとめてある。ここでは、詳しくふれないが、いまいちど私たちの関心を深める機会でもある。

世界遺産（文化遺産）の富士山と合わせて、日本における「御山信仰」（アニミズム）が世界に認知されたのだ。何よりも、私ども日本人がその文化的な価値を十分に認識して、後世にも伝えてゆかなくてはならないだろう。

死者の霊魂も山上に他界

御山は、他界観の形成とも関係する。

古来、日本では、死者の霊魂も山中に他界する、という観念が強くあった。

そのことは、『万葉集』に詠まれた挽歌《ばんか》にもよくあらわれている。

（前略）ひさかたの　天《あま》つ御《み》門《かど》を　畏くも　定めたまひて　神《かむ》さぶと　磐隠《いはがく》ります
やすみしし　我大君の　きこしめす（後略）

（前略）家離《いへざか》りいます　我妹《わぎも》を留《とど》めかね　山隠《がく》しつれ　こころどもなし
こもりくの　泊瀬《はつせ》の山に霞立ち　たなびく雲は　妹《いも》にかもあらむ

「磐隠」とか「山隠」と詠まれた挽歌が少なからずある。「死出の山」という語もある。

すでに、墳墓が山辺につくられている時代である。にもかかわらず、多くの死霊が山に集《すだ》き、そこで鎮まったり、あるいはその後天上に昇る、としたのである。

竹田聴洲《ちょうしゅう》『祖先崇拝』では、「祖霊が山にある」ということを示す事例として、以下のような山の呼称をあげている。

後生山、死出山、ハフリ山、イヤタニ、イハイ山、シニ山、トウバ山、ミタマ山、アシ山、アシノ沢、仏谷、仏原、シキミ山、血ノ池、地獄谷、三途川《さんずのかわ》、塞《さい》ノ河原、極楽橋、鬼ノ窟、六道辻、蓮華谷、蓮台野など。

こうした呼称は、地図帳の類には載っていないが、それぞれの地方ではままなじみのあるところである。

恐山《おそれざん》・岩木山《いわきさん》（青森県）、出羽三山（山形県）、高野山（和歌山県）、熊野三山（和歌山県）などは、現在でも祖霊も宿る霊場として知られている。

もっともよく知られているのが、下北の恐山であろうか。

そこには、各地から霊魂が集まっているとされ、しかるべき日にしかるべき手続きをとって臨めば死者と再会もできる、という俗信が広まって定着している。

死霊を呼びよせるのは、イタコである。イタゴ・イテコ・エチコなどとも呼ばれる。目の不自由な婦人たちがイタコ寺に集まる。

イタコの「口寄せ」。近年は、さまざまなメディアで紹介されているので、その口寄せの法を説明するまでもなかろう。名人といわれるイタコに口寄せを頼むと、死者に似る、というから不思議である。

このイタコが恐山に登るようになったのは、大正時代末から昭和にかけてのころ、という。歴史的にみると、古いことではない。それは、そうであろう。霊山霊峰は、古くは女人禁制とされていたのである。

恐山信仰には、円通寺（曹洞宗）と大覚院（真言宗）が関与してきた。そこへ、一六世紀以降、修験（山伏）が地蔵祈禱《きとう》で入るようになった。やがて、里の信者の意向も受けて、死者供養もするようになった。

『菅江真澄遊覧記《すがえますみ》』には、次のように書かれている。江戸中期のころには、すでに多くの人を集めていたことがわかる。


廿三日。あけなは、地蔵会なりけりとて、きのふより、かり小家たてて、なにくらまうけたるに、午未の頃より、村々里々の、人あまた来集り、国々のすきやう者、かなつつみをうち、あみた仏をとなへ、卒塔婆つか前には、いかめしき棚を造り、（中略）御堂より、柾仏とてそきたに出たるをひともと、六文の銭にかへて、老たるわかき男女、手ことにもちいたり、この棚におきて、水、むすひあけ、あなはかな、わか花と見し孫子よ、かくこそなり行しか、わかはらから、つまよ子と、あまたのなきたま呼びに、なき叫ぶ声、ねんふちの声、山にこたへ、こたまにひびきぬ。

おやは子の、子はおやのためなきたまをよはふ袂のいかにぬれけん。


もうひとつ、とりあげておかなくてはならない。

伊勢の朝熊山《あさまやま》である。

とくに、江戸時代になると、庶民の旅が発達した。なかでも、「伊勢参り」が爆発的な流行をみた。一年間で一〇〇万人もの人びとが伊勢参宮をタテマエ（建前）として物見遊山の旅に出た。

「伊勢参り　大神宮へもちょっと寄り」という川柳が、その実態をあらわしている。そのところにおいて、私たちは、タテマエとホンネ（本音）をつかいわけての庶民のしたたかにしてしなやかな暮らしぶりを再評価しなくてはならない。

その伊勢参りでは、次のようにいわれた。

伊勢へ参らば朝熊を馳《か》けよ　朝熊馳けねば片参り

朝熊山は、伊勢神宮の東にある。正式には「朝熊岳」。このあたりでは、目立つ標高である（五五五メートル）。頂上部に、天台道場の金剛証寺《こんごうしょうじ》がある。

この朝熊山の山頂には、さまざまな祖霊が集っているのである。

現在《いま》でも、それが確かめられる。霊柱《れいちゅう》があり、塔婆《とば》があり、十字架までもがある。

伊勢・志摩地方の家々では、死者が出ると、まず朝熊山に行く。葬連組（隣近所）の誰かが、そこへ行く。そして、金剛証寺の分院で、仮墓を建てる手続きをする。つまり、死霊の宿るところを定めてくるのだ。

遺体の埋め墓は、それぞれに別にある。葬儀が終わり、埋葬がすむと、縁故者が連れだって朝熊山への「タケ参り」をする。つまり、タケ参りをもって一連の葬送儀礼が仕上げとなるのである。

それ以降、死霊は、そこに宿ることになる。遺族たちのタケ参りは、以後も続く。四九日（あるいは、五〇日）、死者の祥月命日、一年・三年・七年などの回忌（あるいは、年祭）など。そして、ふつうは三三年をもって弔《とむら》い上げとなるのである。

つまり、弔い上げまでの内は、祖霊は、必要に応じて里にも降りるのである。ゆえに、家々では祖霊祭や法要（回忌）の執行が可能になるわけだ。現在では残存例が他になくなっているが、祖霊を定期的に供養する原理はそこにある、とみてよいだろう。

そのところで、弔い上げを一般的に三三年とするのは、理にかなっている。故人を知る人（孫世代）が供養する、それが可能な年なのである。

そして、弔い上げてしまうと、その他大勢と総じてのご先祖さま。山頂他界を終えて、あの世に昇天するのだ。古代の人たちは、そうして自然信仰と祖霊信仰を複合させたのではあるまいか。誰もがわかりやすいかたち、というか、誰もが共有できる心情。それが大事だったのであろう。

もっとも、先の回忌年は、仏教が入ってから定まったものに相違ない。そして、神道での年祭では、それと少しずらした設定もみられる。しかし、それも、原初のかたちをほぼ踏襲したもの、とみてよろしいのではあるまいか。

山からの水の恵みと水神

「日本人は、水に対して無関心」と評される（たとえば、イザヤ・ベンダサン『日本人とユダヤ人』）。

なるほど、世界の諸民族からみると、そうでもあろう。たとえば、私ども日本人は、生《なま》水《みず》をほとんどためらうことなく飲む。水道の普及以前にさかのぼってみても、湧水や流水をそのまま飲んできた。世界ではありえないこと、といわざるをえないのだ。

もちろん、それは、「山島」というべき地形と地質によるもので、流水も地下水も自然に浄化されるからである。その恵みによって、日本人は、代々がおおむね飲料水に困らないしあわせを共有してきたのである。

そのしあわせのもとで、「水の神」を祀《まつ》ってもきた。そこでは、水が濁《にご》ることなく涸《か》れることなく、と祈念してきたのである。

一般には、「水神《すいじん》」という。湧水や井戸、池や用水などの水の霊を総称した呼称である。したがって、それぞれの水際のあたりに幣《みてぐら》や榊《さかき》を立て水神を祀ったとする事例が多い。小さな社《やしろ》や祠《ほこら》をつくって祀っているところもある。

行事日やその内容も、一定でない。ところによっては、渇水期の夏場。ところによっては、春の雪どけのころ。氏神神社の祭礼時に神札《おふだ》を授かり、それを祀るところもある。

吉備高原上の私の郷里では、家祈禱《やぎとう》（正月祈禱）のときに神主が御歳大神《みとしのおおかみ》・寿福両神・竈神《かまどがみ》などと共に神床（床の間）に祀って拝んだ水神の神札を立てる。家祈禱が終わってか

水の神　山からの流れる清水を崇めるが、神水名は、所により時どきにさまざま（宮崎県椎葉村）

ら、主人が井戸や湧水場のしかるべき位置に立てるのである。

そのところにおいて、私ども日本人は、けっして水に無関心であったわけではない。ただ、時代とともに水の神に対しての意識が薄らいできた。とくに、水道が普及してからは、都鄙《とひ》を問わずその傾向が強まってきて現代にいたっているのだ。現代人たる日本人が水に無関心なのである。

水の神は、全国的にみると、神社に鎮座ましましているのではない。奈良盆地で顕著な水分《みくまり》神社（山口神社）のような例もあるが、多くは特定の社をもたないのだ。それをもってしても、神社神道の成立以前からの原初的なアニミズム（自然信仰）の伝統といえるだろう。

水の神は、五穀豊穣《ごこくほうじょう》をもたらす精霊ともされる。

そこで、田の神との習合もみられた。とくに、稲作は水利を得ないことにははじまらない。

山の神のもとでの習合である、山の神が水の神にもなり田の神にもなる、とされてきたのである。

田ごしらえをしたところで、山から榊や柴や桜などの枝を手折ってきて、苗代田《なえしろ》や一番田（田植えをいちばんはじめにする田）などの水口《みなくち》に立てる。それを田の神まつりとか水口祭、といった。経済の高度成長期、耕運機が普及するまでは各地でみられた習俗である。

山は、天上界と地上界をつなぐ位置にある。山そのものがカミであり、山にカミ・ホトケ、魑魅《ちみ》魍魎《もうりょう》までが棲《す》んでいる、ともするのである。そうした霊山を、オヤマ（御山）とかミセン（弥山）とかミタケ（御嶽）と呼んだ。ここでは、総じて御山としている。

その御山の地主を山の神とすればよいだろう。

さて、水の神。水の霊は、さまざまな動物にのり移って姿を現す、という伝説も生じた。たとえば、ヘビ（蛇）・ウナギ（鰻）・フナ（鮒）など。空想の水獣としては、龍や河童《かっぱ》など。それが、天変地異を鎮めようとしてのことなのか、あるいは異形怪奇のたたりをおそれてのことなのか。これまでのところ解明されていない。

なかでも、河童は、日本ならではの創造である。文字どおりに解釈すれば、水（河）に棲む童《わらべ》。現在への伝承では、妖怪じみたものが多いが、もとは水のカミの零落《れいらく》した姿であった。そのことは、すでに『遠野物語』（柳田國男《やなぎたくにお》）をはじめとする民俗学の報告例から明らかなところである。そして、それは、母子神とも転じた。つまり、河童を崇めると受胎と安産が叶《かな》うとされたのである。

そこでは、水は稲にかぎらず植物界を潤す。その豊穣をもたらすのが水の神。その水の神は、また人間界にも豊穣（多産）をもたらす。古く、そうした図式が描かれたのに相違あるまい。ちなみに、水の神は女神、とするところが少なくないのである。

水そのものに浄化力がある、ともされた。

厄災を流す　川も境であり、そこにも諸霊が集き、さまざまな伝説を生んでいる（長野県上松町）

「水、三尺流れれば清まる」ともいう。これは、日本に多い急峻な川の流れを指してのことだが、それが穢《けが》れをも水に流すことに通じる。このことは、すでに『古事記』（七一二年）で明らかである。

黄泉《よみ》の国（地下の暗黒世界）をのぞいた汚れを伊邪那岐《いざなぎ》の神が地上界に戻って阿波岐原《あわぎはら》（水場）で禊《みそ》ぎをして祓《はら》う物語がある。「中つ瀬に堕《い》り潜《かづ》きて滌《すす》きたまふ」とあるのだ。

現在でも、滝に打たれての荒行が一部に伝わる。その省略したかたちが、神仏詣でのときの「手水《てみず》」である。本来は、滝に打たれるか川に浸って潔斎《けっさい》すべきところであるが、それは誰もができることではない。そこで、簡単に手水ですませることになったのだ。

それで、禊ぎをすませた、と相なる。きわめて俗なるは、不祥事のあとで、軽々しく「禊ぎをすませた」「水に流した」ですます。そのことの善し悪しを問うのではない。不断の文化伝承は、そうしたところにあらわれるのである。

いつのころからかの信仰の縮小化、矮小化《わいしょうか》。その大衆化ということからすると、おもには近世での普及であろう。事実、社寺の手水鉢《ちょうずばち》にも、古いところで江戸期の年号が刻まれている例が多い。

「神泉」が神社の境内に湧き出ている例も少なくない。

というか、もともと神社は、そうした清らかな水が湧き出るところに建てられているのだ。また、そうした水を引いて手洗水や竜吐水《りゅうど》が保たれてもいる。もちろん、そこでのまつりの料理や湯茶も、その水でつくられてきた。つまり、日本の神社は、その祭神と霊験がいかにあろうと、清水を生み、それを守るのは、いわずもがなの役目なのである。

そのためにも、山（峰）を大事とした。杜《もり》（森）を大事としたのである。

私たちの身近な水は、山の森が育んだ伏流水である。明らかに、水もまた山の神が所轄するものなのである。

「神饌《しんせん》に水がなく、神棚にも水を供えないのはなぜか」

しばしば話題にもなるが、もうおわかりであろう。もちろん、水を供えてもよいし、供える事例もなくはない。が、わざわざ供えるまでもない。カミがまします近くには神泉があり、清水がたえまなく湧き出ている、とすればよろしいのではあるまいか。

日本列島は、「山島」というのがふさわしい。その山々は、緑の樹林に覆われており、その樹林が水をも育んでいる。

古来、日本人は、そうした山林の手入れを怠ることはなかった。間伐をし、枝打ちをし、落ち葉を掻《か》いてきた。それを巧みに生活のなかに取り入れてきたが、近年は、それが滞《とどこお》るようになっている。卑近なところでたとえれば、散髪をしない頭に似ている。

水を適度に流し、適量を地中に貯める。それは、山の神と人びととの約束事だったようにも思えるのだが。私たちは、それを忘れるともなく忘れつつある。

山には、森には、さまざま神が集《すだ》く。そして、魑魅魍魎も潜《ひそ》む。

竜神についても、ふれておかなくてはなるまい。

竜神は、水の神ではないが水に関係が深い。もちろん、架空の動物の怪奇霊である。それも、たどってみれば、海の神々のなかに生まれている。

よく知られるところでは、浦島太郎が訪れたのが竜宮城である。また、『太平記』(南北朝時代)にも『後太平記』(江戸初期か)にも、竜宮(城)がでてくる。そこでの竜は、海底の海神なのである。

その海神である竜が、山に登ると、竜王になる。ともいえようか。

その謎を解くべき的確な答えがみつけにくい。たとえば、大林太良《たりょう》『東と西　海と山

——日本の文化領域』では、『古事記』のなかでの山幸彦（火遠理命《ほおりのみこと》）をとりあげる。兄海幸彦（火照命《ほでりのみこと》）の釣針を失い、海底に探しに出かけ、海神（綿津見神《わたつみのかみ》）の宮に滞在。海神は、大小の魚をことごとく呼び集めて、山幸彦の失った釣針をとったものはいないか、と問う。そして、釣針の所在が明らかになったときに山幸彦にそれを返し、兄海幸彦との折衝をも教え、一尋鮫《ひとひろわに》に送らせることにした。そして、その一尋鮫は、佐比持神《さひもちのかみ》として山幸彦の昼夜の守護人《まもりびと》となった。

ということで、海神の配下の一尋鮫が陸上りした。が、それを竜王としてよいかどうか。大林氏は、それをなお江南（中国）での昔話とも重ねて考察する。反論のすべもないので、ここでは大林説にしたがっておく。

海底の魚怪が陸に上る。それが、山に棲んで竜王ともなる。と、いうこともありえただろう。

地図の上で確かめてみると、「竜王山」が想像以上にたくさんある。長野県に一件・滋賀県四件・大阪府二件・兵庫県一件・奈良県二件・岡山県一二件・広島県一四件・山口県二件・徳島県四件・香川県五件・愛媛県一件・福岡県一件・大分県が三件、合計で六二山となる。

岡山県に多い。私の郷里（井原市美星町）にもある。自転車で通った中学校の近くにあった。標高五〇四・六メートル。美星町でもっとも高い山であった。

誰が誘うともなく、時どきに竜王山に登った。俗にいうところの、山学校である。頂上部に、甕《かめ》が埋《う》めてあった。備前焼であったかどうか。

あとで祖父に聞いたところでは、雨乞いの甕だったそうだ。祖父も若いころ、一度だけ、そこで雨乞い神事を行なったことがある、といった。

水を運び上げ、甕を満水にして、その前で拝んだそうだ。それ以上は聞きもらしたが、「八大竜王」という言葉を覚えている。

各地の竜王山に、同じように雨乞いの話が伝わる。古くさいまじない、といえばそれまでだ。が、つい最近もこんなことがあった。

今年（平成三〇年）の八月初旬、私は山形県の米沢盆地を巡った。そこには、ハヤマ（葉山）という小山が点在する。高峰の霊山を遥拝する場所、といってよかろう。社殿があったり山岳名を刻んだ石碑が立つ。そのころは、日照りが続き、旱魃《かんばつ》のおそれがでてきた。あるところの老人たちが、ハヤマに上って山の神々に雨乞いの祈願をした、という。そして、それから何日か経って、ちょうど私が帰京した直後に雨が降った、というのだ。現代でも、稀少例とはいえ、そうした事例が伝わるのである。

かつては、なおさら渇水は、稲作にとっての危機であった。とくに、天水に頼る山地農村では、そうであった。雨乞いは、死活にも通じる切実な祈願だったのである。

竜王は、山の神ではない。が、山の神のいわば眷属《けんぞく》に相当する、とするのがよかろう。

山があって、竜王がいる。私たちの先祖は、そこでの雨乞いが天にも通じる、としたのである。

あるとき、竜王山の山頂で眺めたその光景が、いまも忘れられない。西方の雲を割って青色の稲妻《いなずま》が走り、それを地上からの強い白光が迎え撃つかのように交叉《こうさ》する。それでいて、音は、はるかに遠い。畏《おそ》れおおくも、美しい光景であった。

海からも山を遥拝

海もまた、川を溯って山に通じていた。

二〇年ほど前に訪れた青峰山正福寺《あおのみねさんしょうふくじ》（三重県）での祭礼（御船祭《おふなまつり》）の光景が忘れられない。たしか、旧暦一月一八日が祭礼日であった。

正福寺は、山頂に近い谷あいに位置する。その参道に沿って縄が張ってあり、色とりどりの大漁旗が所狭しと吊《つ》り下げられているのだ。山中にありながら、漁港と見まちがえるほどのにぎわいなのである。

それを「御船祭」というとおりに、広く漁村からの信仰を集めているのである。青峰山は、標高三三六メートルの小山であるが、海上からの見通しがよく、古来、航海の目印とされてきた。

そこに正福寺が建立されたのが、八世紀半ば。『正福寺縁起』によると、僧行基《ぎょうき》が伊勢神宮へ参詣したところで神託を受けた、という。その神託とは、「これより巽《たつみ》の方に霊場アオノミネがある。そこに伽藍《がらん》を建てよ。広大無辺の利益あるべし」というもの。やがて、真言寺院が開かれ、神仏習合の信仰を集めるようになった。

青峰山に参ると風雨の難を免れる、という俗信が広まるのは、江戸時代のことである。大坂と江戸とを結ぶ廻船《かいせん》が、風待ちや水補給のために鳥羽港や的矢《まとや》港に入港するようになってから、地元以外からも広く信仰を集めることになったのである。

御船祭の起源については明らかでないが、これも大規模になったのは近世以降のことであろう。たとえば、江戸後期の年号が刻まれた石灯籠に「海上安全」の文字が認められる。また、本堂と聖天堂を結ぶ回廊には一〇〇点をこえる奉納絵馬が掛けられているが、そのほとんどが「海難救助」を祈念したり感謝して納めたもの。そうした石灯籠や絵馬の奉納は、江戸時代の流行《はやり》ということがいえるのである。

現在《いま》、正福寺に参ると、漁民たちは御札《おふだ》や旗（青峰旗という小旗）を授かる。また、海女《あま》たちは、鮫除《さめよ》けの呪文が縫いつけられている鉢巻きを授かる。青峰山に群生するホオノキ（朴）やヤマザクラを荒彫りした小仏の像も授かっていた、という話が伝わる。それを、船玉（魂）棚に納めておき、海難に遭遇したときに取り出して海に浮かべて無事を祈念した、というのである。霊山と海村は、かくのごとく密接につながっていたのである。

こうした事例は、各地に分布する。

平成二三（二〇一一）年三月、東日本は、未曾有《みぞう》の災害（地震と津波）に見舞われた。被災された方々は、なおご苦労を強いられており、お気の毒なかぎりである。まだ、私たちの記憶に新しいところだ。

そうしたなかで、気仙沼《けせんぬま》（宮城県）で漁業やカキ養殖にたずさわっている人たちが、少し落ち着いてからその復興を願って室根山《むろねさん》（岩手県）に登拝した、という。

ちなみに、室根神社は、養老二（七一八）年、紀伊の国（和歌山県）牟婁《むろ》郡から熊野の神（分霊）を勧請《かんじょう》した、と伝わる。閏年《うるうどし》の翌年、旧暦九月一九日に大祭が行なわれる。

まつりは、未明に海に出て海水を汲《く》むことからはじまる。竹筒に汲まれた海水は神前に捧《ささ》げられ、御神体をそれで拭き清める。それから、神輿《みこし》が神社を出発する。

気仙沼の舞根《もうね》の海水が到着しなければ、まつりは一歩も動きだせないのである。

そこには、四〇〇人に及ぶ神役が参加する。ほとんどは農民であるが、気仙沼の舞根地区からは漁民が参加してきた。

古くからこのようなかたちで、山と海がつながっていた。漁民もまた、海を育み海を守る御山を崇めてきたのである。山の樹木が保水の役目を果たし、雨水や雪どけ水を地中に溜め、それが清水として川の流れを加減し、やがて海に注ぎ、海藻や魚介を育む。事実、川の流れの延長がいちばんよい漁場である、という。その循環を、昔《いにしえ》から人びとはよく認知していたのである。

高くあっては山の神、低くあっては水の神　この下方に川が流れている（山形県米沢市）

「森は海の恋人」とは、気仙沼でカキ養殖にいそしみながら、室根山への植樹運動に取り組んでいる畠山重篤《はたけやましげあつ》さんの口ぐせである。言いえて妙なる名言である。その畠山さんが警告する（『汽水の匂う洲《くに》』）。

一昔前までは燃料の薪や炭にするための雑木林が広がっていたのだが、見事に杉山に変わっている。石油、石炭という化石燃料を使用する燃料革命で、雑木林はその価値を失ったのである。そして、国の指導もあり、拡大造林計画という杉、檜などの針葉樹の一斉造林が始まったのだ。

針葉樹は建築材として最重要な木でありその育成には異論はないが、除間伐や枝打ちなどの手入れをしないと大変なことになる。四十年代に植えた山は、ちょうど間伐の時期を迎えているのだが、外材の大量輸入で木材価値が暴落し、間伐材が行き場を失っているのである。

間伐されない杉山は悲劇だ。枝が込みあって木は痩せ細り、光が山に入らないので下草が生えないのである。

こうなると雨が降るたびに土が流れ、川は濁流と化す。昔は少々雨が降っても海が濁ることはなかったが、今は少しの雨でも赤茶けた水が流れてくるのはこんなところにも原因があったのだ。

まったく同感である。私の郷里も、同様である。

山からの土砂流の原因は、ひとつにはスギ（杉）の造林の始末ができていないからだろう、と思っている。スギは、本来は陰地《おんじ》（山の北斜面）の植物であったはず。土中に水分を確保するところで、育つのである。それを日向《ひなた》の南斜面にまで植林することに無理もあったのだ。さらに、それを放ったらかしにしてよいはずがない。杉花粉も、伐採を怠っているところで生じているに相違あるまい。そうみる人も多いのである。

と、森林行政を批判してもせんないこと。しかし、「山の神」は、お怒《いか》りなのではあるまいか。

山に棲む人びとと山の神

これまでは、おもに稲作農村の側から「山の神」をみてきた。

一方で、稲作にさほど頼らない、頼れない山地での暮らしもある。あるいは、離島での暮らしもある。

山地では、焼畑や狩猟で暮らしをたててきた村々がある。もちろん、そこでも可能なかぎり、稲作にも頼ってきた。が、焼畑や狩猟は、稲作以前にもさかのぼれる古い暮らしのたて方である。

その視点でまとめられた名著が佐々木高明氏の『山の神と日本人』であろう。

そこでは、「西日本の焼畑民の山の神信仰」と「東北日本の山の神信仰と畑神の去来」に大別してある。

西日本のそれは、一九六〇年代まではかなり大規模な焼畑農耕が営まれていた九州山地のフィールドワークにもとづいている。

旧暦の大正月明けの「鍬入れ」「山の口開け」「柴刈り」「鬼火焚き」（火祭り）などの一連の焼畑作業の開始行事に注目している。それらが山の神への祈りにはじまることは、いうをまたない。

たとえば、五木村《いつき》（熊本県）での「木降ろし」（焼畑での伐採）は、最初に伐《き》る木の幹に神酒《おみき》を注ぎ、「守り給えや　山の神」といった類の唱え言を唱える。また、木降ろし衆の男たちが、枝打ちのため木に登る前には、「ただ今あがって、この木をおろし申す。怪我災難のないようお守りあってたもれ」と祈る。

木降ろしは、危険な作業である。そこで、木降ろし歌をもって全員の手をそろえる、ということが他の報告事例にもある。

のぼりんけえよ　まずけいよ
この山はおとにきこえししずか山
しずか山でこそ　枝おろしにまいりました
まもりたまえや山の神

（高松圭吉「米良山の生活史」、『あるくみるきく』二〇〇号）

登りけいよ　まつけいよ
今日吉日　日柄をえらべて　木の枝おろす
今日の日を　守り給えよ　今日のひめ
わが氏の社の　神の数知らねども

登りはじめの　この高木に
七つの小枝に　八つのセビ　立ておき参らす
受けとり給えよ　今日のひめ
木おろしの　一の嫌いは枯の枝
教えて給ればこそ
鳥や翼の真似をする
真似をしてこそ空を行く
今日の日の夕暮になるまで　守り給えよ山の神

（西米良村教育委員会『西米良の焼畑』）


ここで、「今日のひめ」がでてくる。

ここに注目したい。ひめは、姫。ということは、山の神は女神、ということになりはしないか。

これにも諸説がある。が、山の神まつりにはオコゼを供えるところが各地にあり、その伝説と符合する。私は、奈良県下や三重県下でオコゼを供える山の神まつりを見たことがある。

オコゼは、「虎魚」と書く。眼が背面近くに突出しており、両顎《りょうがく》に絨毛《じゅうもう》状の歯がある。

背びれは棘《とげ》状で長く、毒をもつ。胸びれも長く、一部は遊離している。一言でいうと、グロテスクな魚である。

山の神はひどい醜女《しこめ》、という伝承があるのだ。姿形の整った美魚を供えると、やきもちを焼きかねない。そこで、オコゼを供える、という話に展開するのである。狩人《かりうど》や杣人《そまびと》も、山入りのときはオコゼを持ち、山の神のご機嫌をそこねないよう供えて祈ったもの、という。

猟に出る前　御幣を銘々に立て、山の神を拝む（宮崎県 椎葉民俗芸能博物館）

なお、佐々木高明氏は、「山の神は女性であるということ」というコラムを設けている。そこでは、柳田國男《やなぎたくにお》や千葉徳爾《とくじ》・野本寛一《かんいち》らの文章を引きながらも、「では、山の神はなぜ女神なのか。この問いにうまく答える説明原理を、私はいまのところ見出《みいだ》すことができないでいる」とするのである。

佐々木氏は、一方の「東北日本の山の神信仰と畑神の去来」では、以下のように説く。

山の神信仰は奥山で営まれる狩猟や伐

採などの生業と深く関係し、里山で営まれる焼畑農耕などの営みとはほとんど関係ないという特色は、東北地方の全域に亘る特色と考えても大きな誤りはないのではなかろうか。また、山の神・田の神の去来伝承についても、平野の稲作農村には点々とみとめられるが、山村地帯には、その分布がほとんどみられないという注目すべき事実も、あわせて確認することができた。

そして、新たに「畑神」の存在を提示するのである。

福島県や山梨県では、春には天から降り、秋にはまた天に帰っていく畑神去来の伝承がある、という。そして、山の神と田の神の間に畑の神をはさんでみる、という視座を提示する。

まことにうがった視座である、と私は支持する。

それも、日本のアニミズム（自然信仰）の多様性をものがたる一例である。アニミズムにおいては、どこが先進でどこが後進ということもない。類似の事例もあれば、そうでない事例も多い。どこからどこに伝播《でんぱ》した、ということも簡単にいえないはずである。

ただ、山では、山の神が元締である。絶対的な元締なのである。

田の神も、畑の神も、そして歳神《としがみ》も、水の神も。ほとんどすべてが、山の神の縄張り内にある、とするのがよかろう。

たとえば、冬山を巡って猟を行なう狩人たちが山の神へモチグシを供える習慣（秋田県の阿仁《あに》マタギの例）の報告例が複数ある。これも、そのまま単純にとらえればよいだろう。モチグシ、つまり串ざし肉がどの部位とどの部位であるとか、そのときの唱え言葉がどうであるとか。それは、ところの狩人集団によって違うかもしれない。また、仏教の供養思想の影響があって変わったのかもしれない。そうした変化の経緯も、またさまざまである。そうした細部を論じることを嫌うわけではない。が、山の神と狩人たちとの関係は、さほどに複雑ではないだろう。

山の神にモチグシを供え、唱え言をする。猟の恩恵と安全を願ってのこと。それを今日まで愚直に伝承してきた。そのことが、何よりも尊い。単純に、そう評価すればよろしいのではあるまいか。

峠は「手向け」

峠は、カミを拝するところである。

ちなみに、『広辞苑』をみると、「タムケ（手向）の転」とある。さらに、「通行者が道祖神に手向けをするからいう」とある。

とくに抗議をするつもりはないが、手向ける相手を道祖神に限定するのは、いかがなものだろうか。道祖神は、とくに中部地方と東北地方に分布する。大別すれば、中部地方でのそれは石像、東北地方のそれは藁《わら》人形である。西日本各地には、いずれもなじみが薄い。そして、道祖神は、道境や辻に祀《まつ》られており、「山の坂路を登りつめた所」（『広辞苑』）にはほとんど立地しない。したがって、峠で手向ける相手は、道祖神に限らないほうがよろしいのである。

山の坂路を登りつめた所は、その先を下る所でもある。

そこは、山頂部ではない。また、山麓部でもない。山腹部で、しかも山腹部と山頂部の境のあたりが多い。

山頂部は、カミがおわします聖域である。そこへは、ふだんは足を踏み入れない。

山頂部は、猟師も樵《きこり》も、旅人も、峠から望むものであった。そして、休憩をとる前に、花か青葉の付いている枝木を手折って手向けたのである。その相手は、山の神であった。

山頂部は、さまざまなカミとさまざまな精霊が集《すだ》く。それを総じて山の神、あるいは、それらを統轄するのが山の神。その山の神の領域近くを過ごすとき、誰もが山の神に敬意を表したのである。

ここに、私の好きな一文がある。井出孫六編『日本百名峠』に所収の真《ま》壁仁《かべじん》「花立峠《はなだて》」（山形県）のなかの一文である。

私の友人で最上町に住んでいた民俗研究家の故佐藤義則は、峠路の最後の集落判屋《はんや》の古老から聞き書をこう伝えている。

「禿岳《かむろ》の南ば、東西に通っている花立峠さ、こっつ（こちら）さと、かげの鬼首の方さど、それぞれ、登り口さ『山神様』の石碑ば立でで祀ってる所ある。この山神ば祀ってる峠道の間では、山の神様ど行ぎ逢う事ァ有るって、昔の人ァ、気ィ付けで歩いだもんだった。今ァ車道切って、旧道は忘れですまったズ。

禿岳ざ、山の神様でョ、春えなっと田の神えなって、村さくだって来るどて、田植えすぎ、サナブリ（早苗振り）ん時、若い衆ら揃って禿岳さ登って、赤飯や酒ば上げて拝んで来っかった。ほして、帰りにゃ、石楠花《しゃくなげ》の花ば手折《おだ》ってきて、田の水口さ立てでおぐど、水ァやんばえ（よいあんばい）かかるす、稲さ悪い虫コつかねどてナ、これば『花折り』って言うがった。

今ァ、みながウ忘《わすら》へてすまってハ。こういう花ば上げで、何ごとも変りなく峠ば越しェるよううえ拝むさえて、ハナダデ峠て言うなヨ。花なの咲えでね。青木（常緑木）ばもハナと言うがった」

峠で、山の神に手向けをする。これ以上に的確な名証言を、私は知らない。それゆえに、「峠」を「乢」とも書いたのであろう。

たとえば、私の郷里でもある備中北部には、内海《うつみ》乢《たわ》・野土路《のとろ》乢《たわ》・杉が乢《たわ》という表記が残っている。

なお、峠と書いても、備中地方では「たわ」という。あるいは、「たお」という。「とうげ」が訛《なま》ったものだろうが、年配者の間では今日でも一般的な呼称である。ただ、もう日常語とはいえず、次の世代にどれだけ伝わるかは保証のかぎりではない。

ここで、ふたたび『日本百名峠』をめくってみる。

昭和五〇年代（一九八〇年前後）の取材。現在では、貴重な記録集といえる。その理由は、峠の神々が収録されているからだ。

峠には、いくつもの神が祀られている。いくつもの仏が祀られている。全国を俯瞰《ふかん》してみると、山の神だけではなく、多種多様な神仏・精霊が祀られているのである。その名前を冠した峠も少なくない。そこに祀られている神仏を要約してあげると、以下のようになる。

五輪峠《ごりんとうげ》（岩手県）　地輪・水輪・火輪・風輪・空輪の五輪塔が立つ（文化一二年の銘）

金精峠《こんせいとうげ》（栃木県）　小社に金精権現（男女の性器が御神体）を祀る。

境ノ明神　峠《さかいのみょうじんとうげ》（茨城県・栃木県）　小高い丘の竹藪《たけやぶ》の中に界の明神（玉津島の神）を祀る。

倶利伽羅峠《くりからとうげ》（富山県）　峠近くに倶利伽羅不動寺。その入り口の木立の奥の手向《たむけ》神社の一〇八段の急坂の上に石の祠が四つ並ぶ。

合祀された山の神　かつては、各集落に祀られていたもの。明治期に氏神神社に合祀された事例が、とくに三重県下には多くみられる

修那羅《しょなら》峠（長野県）　安宮《やすみや》神社（祭神は大国《おおくに》主《ぬしの》命《みこと》と修那羅大天武《だいてんぶ》）を中心に、周囲には石仏や神の名を刻んだ石像が立ち並ぶ。その数約八〇〇体。ササヤキ大明神・シンバタレ神・モノミセ荒神・左ウチワ神などの名を刻んだ石像は奇妙奇天烈《きてれつ》である。

伊勢《いせ》神《がみ》峠（愛知県）「大乗妙典」と刻まれた石碑と馬頭《めず》観音。少し離れて観世音菩薩《ぼさつ》（天和三年の銘）が立つ。

花折《はなおれ》峠（滋賀県）　峠道に、「花折峠」と刻まれた石碑。古く、明王院（不動明王像を安置）が支配する聖地と俗界の境と認識されていた。行者《ぎょうじゃ》は、この峠から比叡山《ひえいざん》を遥拝。

中哀《ちゅうあい》峠（福岡県）　路傍に猿田彦大神の石碑。近くの香春《かわら》神社は、新羅《しらぎ》の神を祀った県社で、一ノ岳、二ノ岳、三ノ岳には、それぞれの神が鎮座する。

岳滅鬼《がくめき》峠（大分県・福岡県）　英彦山《ひこさん》修験道の修行者が利用する信仰の道でもあった。「従是北豊前小倉領」と刻まれた藩境を示す石柱が残る。

これを、どうみるか。峠には峠の神仏が祀られているのだ。ここに挙げなかった峠にも、神仏がおわすのだ。それも、全体でみると多種多様。ほとんど重複する神仏はみあたらない。これらも、山の神が統轄している、とみてよいのか。そのところでは、仏教や神道の影響が加わって多様化しているので、それ以前の古いかたちにまではたどりにくいのである。

誰が祀りはじめたかも、ほとんど明らかでない。しいていえば、小石を積み上げた塚が各所にある。それが、賽《さい》の河原を意識しての石積みだろう、と想像するのはたやすい。「一重積んでは父のため、二重積んでは母のため」とか。しかし、いつごろから、との判断はできない。そして、峠への設置との因果関係もわからないのである。

不思議な現象、といわなくてはならない。しかし、こうした曖昧にして無碍《むげ》なるところが私たち日本人の信仰観、としなくてはならないのである。

古く旅行く人たちは、そうして路傍の諸霊に手を合わせ、道中の無事を祈念したのである。

富士山は神のおわします文化遺産

平成二五（二〇一三）年六月二二日、富士山が世界遺産に登録された。

世界遺産は、自然遺産と文化遺産がある。富士山は、文化遺産として登録されたのである。

その事由を一言でいうと、富士山は、信仰の山として世界に認められたのである。

私は、たまたまこのとき、文化庁での文化審議会文化財分科会の委員会の内側にいた。所属していたのは無形文化遺産部会であったが、しばしば世界文化遺産部会との合同委員会が催されていた。比較的、内情に詳しい立場にいたのである。

富士山は、世界遺産の文化遺産。このことは、報道を通じても、意外なまでに徹底をみていないように思える。まわりにも、自然遺産とみている人が案外に多い。

ところが、海外では、とくに西欧文化圏では、日本におけるアニミズム（自然信仰）への関心が強い。さかのぼってみれば、世界のどの民族も、原初においてはそうであったのだろう。だが、教祖や教義の明快な一神教によって、あるいは近代国家の統一のなかで淘《とう》汰《た》された。絶滅もした。それが、先進国のなかで日本だけに残存しているのである。とくに、関心の深い西欧の人たちは、人類の原初がえりをするようなまなざしで、それを眺めているのではあるまいか。

いうまでもなく富士山は、成層火山である。活山活動をくりかえしてきた。文献資料にみる記録は、八世紀にさかのぼる。人びとは、それを畏《おそ》れ、鎮火を念じて、カミを祀った。そのカミがのちの浅間大神《あさまのかみ》である。一般にはセンゲンと読み伝えるが、正式にはアサマと読み、古語では火山を表した。そして、浅間神社が創建された。

伝承によると、はじめは山麓の山足の地（静岡県側）にあった。つまり御山を南から遥拝するかたち。本社が現在地（富士山本宮浅間大社）に勧請されたのは、九世紀はじめである。

貞観《じようがん》六（八六四）年にまた大噴火。朝廷が関与して、甲斐《かい》（山梨県側）にも浅間大神を祀る社が設けられた。現在の富士御室浅間神社につながる、とされる。

なお、河口浅間神社と北口本宮富士浅間神社もあるが、これらは、鎌倉街道の開通と往来にそったものであっただろう。いずれにしても、古代・中世のころにおいての富士山は、噴火を畏れて遥拝《ようはい》する対象であった。そこでは、噴火そのものがカミの怒りや嘆き、とみなされていたのである。

富士山への登拝は、修験者《しゆげんじや》（山伏）・行者にはじまる。

修験道は、役小角《えんのおづぬ》（七世紀末）を開祖とする。ゆえに、小角をして役行者《えんのぎようじや》と呼ぶ。もともとは葛城山《かつらぎさん》に住む呪術師だったが、生駒山《いこまやま》・信貴山《しぎさん》（奈良県）・熊野（和歌山県、三重県）などが聖跡とされる。が、そうした伝説は、後世に山伏たちが語って歩いたからで、役行者の伝説は全国各地に広がっているのである。ところが、富士山には役行者伝説はない。

噴火をくりかえしていたところで、山伏たちの入峰の時代が遅れたからに相違ない。

たとえば、南麓の村山口に興法寺（現在の村山浅間神社）が開かれたのが、一二世紀中ごろ。以来、ここが山伏たちの拠点になり、登拝道の起点となった。甲斐側の拠点は、現在の富士御室浅間神社となった。

一二世紀以降、大規模な噴火がなかったことがさいわいであった。大災害におびえながらでは、いかに山伏たちといえども入峰修行はできなかったであろう。そうして、富士山は、人を拒絶しない御山にかわっていくのである。

一五世紀になると、御師《おし》が登場する。

御師とは、道者（一般の登拝者）を勧誘して案内する者である。自らが修験（山伏）である場合とそうでない場合があるが、後年は後者の方が多くなった。富士山本宮浅間大社や北口本宮富士浅間神社の門前に御師の館（宿坊）が立ち並ぶことになった。

そのようすは、『絹本著色富士曼荼羅図《けんぽんちゃくしょくふじまんだらず》』（室町末期・富士山本宮浅間大社所蔵）にも描かれている。

じつは、私が富士山に興味をもつようになったのは、この曼荼羅図を見てからである。昭和六二（一九八七）年、春のこと。富士吉田に住む友人の兄貴氏が案内してくれて、本宮浅間大社の宝物殿でそれを見た。

曼荼羅図では、富士山が標高にしたがうかたちで三分割してある。

「絹本著色富士曼荼羅図」 山を垂直三分割しての描画法がみられる

そこでの説明には、「御山」「山内」「俗界」とあった。もちろん、それでもわかる。

しかし、この際は、「山頂」「山腹」「山麓」としよう。この三つの言葉は、現代でも歴然と伝わる。ならば、そこに大事な意味があることをいまいちど認識する必要があるだろう、と思うのである。

山頂部には、樹林はない。三峰に仏が三座。『絹本著色富士曼荼羅図』は、鎌倉時代の作と伝わるので、神仏が習合の時代である。本地垂迹《ほんちすいじゃく》という言葉が伝わるように、神が下《さが》って仏を鑽仰《さんぎょう》する風が強かった。中央の一体は、大日如来。脇の二体は、虚空蔵《こくうぞう》仏と盧《る》遮那《しゃな》仏か。

その山頂に向かって、登拝する人びとの行列がみられる。よくよくみると、皆、白の浄《じょう》衣《え》を着ている。中に、袈裟《けさ》をまとった僧らしき人が三人。いずれも潔斎《けっさい》して、登拝する人びとである。

「羽後国飽海郡国幣中社鳥海山全図」　山頂部を区切っての描写法がみられる

山麓部には、駿河湾が描かれている。陸上にも海上にも暮らしをいそしむ人びとが描かれている。

山腹部が、山頂、山麓の倍以上もの面積をもって描かれている。社殿に堂宇、それに御師の館などが描かれている。相当に開けている。

しかし、そこには娯楽的な要素はほとんどなかったに相違ない。御師に導かれての道者たちも、解脱《げだつ》を求めての、なお限られた人たちの登拝行なのである。

それが、より大規模に大衆化するのは、江戸も中期のころ（一七世紀）をまたなくてはならなかった。江戸を中心に関東一円で「富士講」の発達をみるのである。

富士講の祖は、一〇六歳で死すまで富士山に籠《こも》り、観想行法を生んだ藤原角《かく》行《ぎょう》とされる。そして、その弟子筋にあたる村上光晴と食行身禄《じきぎょうみろく》とされる。現在、北口本宮富士浅間神社の境内（登山口）の祖霊堂には、この三人が祀られているのである。

その祖師たる彼らの弟子たちが、里に下り、祖師たちの行場を巡る登拝を誘ってまわった。たとえば、「下妻檀那帳」には上州（群馬県）三〇ヵ村の信者が記されているが、正保《しょうほう》（一六四四〜四八年）のころに増えてくることがわかる（山岳宗教史研究叢書『富士・御嶽と中部霊山』所収の大森義憲「富士の御師」）。

江戸でも富士講がにぎわった。「江戸八百八講」というが、実際は一〇〇あまり。というのは、「百八講印曼荼羅」（天保《てんぽう》一三＝一八四二年）などが残るからである。

月も日も富士は一仏一体に　皆三国を照らす御鏡
富士の山あらそうことも言うことも　登りてみれば顕れにけり
躰内を出てたすかる此乳房　皆父母の御恩なりけり

これは、富士講の「拝《おが》みうた」の一例である（千葉県館山市立博物館展示図録『富士をめざした安房の人たち』）。各講中ごとに文句（歌詞）が違っていた、というのだ。富士講の祖のひとりである身禄がうたったという理にかなった文句もあり、いつ誰がつくったかわからない怪しげな文句もある。講の集まりでこれをうたったし、富士登拝の折にもうたったのだろう。

富士講のにぎわいは、関東大震災（大正一二＝一九二三年）のころまで続いた。

話が歴史に流れすぎた。

ここで言いたいのは、私ども日本人には、山を垂直三分割してとらえる思想がある、ということだ。

とくに、「山頂」部を神々や精霊が集《すだ》く領域としている、ということだ。「御山」信仰の実際は、山頂部にあるのだ。

山麓部は、人びとが田畑を拓《ひら》いたり家屋を建てたり、ほぼ自由に使えるところ。そして、山腹部は、一般的な御山であれば、建材や木の実や茸《きのこ》類、それに鳥獣などの山の幸を得るところ、と相なるだろう。

日本では、こうして御山を拝借する、使い分ける、という思想があったからこそ美しい山容が保たれてきたのに相違あるまい。

人びとは、山頂と山腹の境にある「峠」を越えるとき、青葉の一枝を手折ってそこに立て、山の神を拝した。

峠とは、タムケ（手向け）から転じた言葉である。そして、かつて「乢」とも書いた。

現在《いま》は、それを知る人も少ないし、それを語る機会も少ない。そして、神のおわします御山、山容が荒れてきたところが多くなった。

富士山も、けっして例外ではないのだ。

世界文化遺産の富士山であるが、じつは六項目の「勧告」がついているのである。このことを知る人は、少ないのではなかろうか。

たとえば、上方の登山道の収容力の調査研究に基づく来訪者管理戦略の策定、下方斜面における巡礼路の特定、そして、来訪者に対する顕著な普遍的価値の伝達・共有のための情報提供戦略などである。つまり、富士山への娯楽的な登山を認めながらも、いかに「信仰の対象」としての価値を持続していくかの課題である。その対策を講じるように、世界遺産委員会から求められているのである。

それに応えて、静岡県・山梨県を中心とした富士山世界文化遺産協議会では、「ヴィジョン・各種戦略」の検討を行ない、その対策を提出した（二〇一六年一月まで）。が、これも、さほどに報道されなかった。

私たちは、いまいちど、このことの重大さを心しておきたい、と思う。

富士山に代表される「御山」は、日本人だけの無形文化遺産でなく、日本人がしかと世界に伝承を約した「アニミズム遺産」なのである。

第三章　神宿る樹木とその森

御柱立て　諏訪大社上社の式年造営御柱大祭での里曳き御柱立て（長野県諏訪市）

地鎮祭と柱立て（ケーススタディ③）

平成三〇年二月一〇日、I家の地鎮祭を行なった。

I家は、私の本務社（岡山県宇佐八幡神社）の氏子である。施工を請け負ったT建設も同じ氏子。受けざるをえない。と、いうか、おめでたきこと、おめでたきこと。郷里での新築は、めずらしい出来事となって久しいのだ。少子高齢化、そして過疎化。氏子内での地鎮祭は五年ぶりの慶事である。

当日は、あいにくの雨天であった。

T君が、テントを張り、祭壇も整えてくれている。

まず、中央の小柱に神籬《ひもろぎ》をとりつける。サカキ（榊）の大枝に切り紙の垂《しで》を掛けたもので、ここに招聘《しょうへい》するカミの依代《よりしろ》にほかならない。そして、その前に神体幣《しんたいべい》と神札《おふだ》を立てかける。

神札には、中央に「産土大神《うぶすなのおおかみ》」、両脇に「大地主大神《おおとこぬしのおおかみ》」と「五面五柱神《いつおもていつはしらのかみ》」。代々の家の神と土地の神、五行（この場合は、おもに方角）の神。ただし、これも、全国に同じように通じるものではない。神社神道のなかでは、地鎮祭は雑祭式となる。一応の基準はあるが、ところどころの流儀にしたがうしかないところが大きい。

はじめに、修祓《しゅばつ》。大麻《おおぬさ》（垂《しで》の多い御幣状のもの）で神前と祭員を祓《はら》う。神道の祭典では、おなじみの次第である。

次は、五方祓い。これは、地鎮祭ならではの次第。東・南・西・北、そして中央を祓う。祓う祭具は、塩と米と酒。これを、四方にめぐらせた注連縄《しめなわ》の内から外に撒《ま》く。この日は雨だったので、T君の息子が後ろから傘をさして一緒にまわってくれた。若い人が補助してくれる。それだけで、うれしくもなる昨今である。

このときの呪文がある。

尊神《とうかみ》えみ給《た》め　天元天妙天災消除
坎坤震巽離艮兌乾《かんこんしんそんりごんだけん》　地元地妙地災消除
祓え給い清め給え　人元人妙人災消除

これを「三元表白」（三座の禊祓《みそぎばらえ》）という。中世末の吉田兼倶《かねとも》による元本宗源神道《げんぽん》（唯一神道）の呪文、と伝わる。が、表白という言葉からして真言密教との習合がみられる。

我が家では、これを伝えるが、他系ではどうだかわからない。

そのあとで祝詞奏上《のりとそうじょう》、玉串奉奠《たまぐしほうてん》。これは、神社神道の祭式次第である。

最後に、地鎮祭特有の儀礼がある。施主が忌鎌《いみがま》で草を刈るしぐさを行ない、次いで忌鍬《いみぐわ》で土を掘るしぐさをする。これを、刈初《かりぞ》め、穿初《あなぞ》め、という。そして、鎮《しず》め物を埋める。鎮め物は、銅板を切りぬいた人形《ひとがた》や円鏡。五穀が加わることもある。そして、そこに土を盛る。

この後段の儀礼は、ほぼ全国的に共通するだろう。

地鎮祭が終わった後の敷地のほぼ真ん中に円錐《えんすい》形の土が盛ってあるのを目にされた方もあるだろう。まだ、注連縄は張りめぐらされている。そして、土盛りの上には神籬が立ててあったりする。

ここで、地鎮祭における「鎮め物」に注目してみたい。

それを、生贄《いけにえ》儀礼の残照、とみるむきもある。古墳における埴輪《はにわ》にも相通じるかもしれない。が、それ以上論じるには、根拠が乏しい。そうであるかもしれない、というしかあるまい。

それよりも、その穴と鎮め物の場所に真柱《しんばしら》（芯柱）が立つ、とする伝承に意味がある。一般にいうところの大黒柱。その柱一本で建物がもつわけではないが、とくに大事にされる。建前のときも、はじめにそれを立てる。上棟祭のときも、そこに祭壇を設けるし、縁起物の棟飾りもその最上位（屋根裏）にとりつけて末代まで残すはずである。

すると、歴史的に由緒を伝えてきた神社の「柱立て」が連想される。

社《やしろ》づくりのはじめは、柱立てにある。ということは、社ができる以前は、柱こそがカミの住まいであった。という連想に、さほどの無理はなかろう。

たとえば、伊勢神宮の「心御柱《しんのみはしら》」である。

長く秘事とされてきた。私が確かめた範囲で公表もさしつかえないだろう、と判断するところで述べてみる。

二〇年ごとの式年遷宮のときも、「御木曳《おきひき》」（川曳き）ではじめに運ばれるのがこの御柱である。もちろん、立てるのも最初に立てられる。

その丈は、五尺（一五一・五センチ）とか。立てるとはいっても、ほぼ三分の二は土の中に埋められる。

地上に出るのは、半間《はんげん》ほど。建物を支える柱ではないのである。

御正殿《ごしようでん》という社殿は、その上に建つ。御柱は、床の下に隠れるのだ。

そこで、御正殿の内での祭員を揃えての神事がない理由がわかる。御神体といってもよい御柱の上を人が動くわけにはいかない。社殿の内に入れるのは、天皇と大宮司だけだ、とか。それも、神事を執り行なうのではなくて、伺候《しこう》なさっているのだろう。

もちろん、この御柱は、外から見ることはできない。だが、その位置を確かめることはできる。

古殿地《こでんち》という空き地が社殿の隣にある。次の遷宮では、ここに新社殿が建つのだ。その古殿地の、やや奥まったところの地面に小さな屋根がみえる。それは、柱穴を覆う屋根なのである。

そのことからしても、真柱の「柱立て」と「柱穴」がいかに大事で神聖なことであるかが容易に連想されるであろう。

たかが地鎮祭、されど地鎮祭なのである。

伊勢神宮と諏訪大社の式年祭事から

伊勢神宮の式年遷宮の準備は、八年前からはじまる。

先の遷宮（平成二五年）の場合は、平成一七（二〇〇五）年五月二日に「山口祭」が行なわれた。

山口祭というのは、これまでは木曾《きそ》に定めた御杣山《みそまやま》の山口に「山の神」を祀《まつ》り、用材の伐採と搬出の安全を祈願するまつりである。

各地の山で、そうした作業にたずさわる人たちの「初山」儀礼に相当するだろう。

心御柱《しんのみはしら》になる木の前で行なわれるのが「木本祭《このもとさい》」。その他の用材を伐《き》る前に行なわれるのが「御杣始祭《みそまはじめさい》」。神官たちは、白の浄衣《じょうえ》を着け、厳粛に行なわれる。ここでも、祭壇はあるが、社《やしろ》は設けない。注連縄《しめなわ》を巻いた樹木に神霊が宿る、とするのである。

もちろん、伐採作業の安全を祈願してのことに相違ないが、ここには、それら樹木に宿る神霊に用材をいただく許しを乞う意味が潜在する。これも、古来、各地で山人たちが山の神を祀って呪文のごとく、言い伝えてきた「いただきます」という言葉の心象に相通ずるものであろう。まさに、「仁義をきる」儀礼。平たくいえば、そういうことにもなるだろう。

現に、かつて神仏習合をもはかった真言密教の「樹木伐採式」では、次のように表白するのである。

「願わくば　本尊諸尊《ほんぞんしょそん》　速《すみ》やかに当樹木の霊性《れいしょう》を解き玉《たま》い　諸《もろもろ》の障碍《しょうげ》無く……」（『表白・願文・祭文集』より）

それが、伊勢神宮の式年遷宮での木本祭や御杣始祭では、まことに粛々と品格《しな》よく行なわれてきたのである。

私は、そこに立ち会ってみたことがない。それで、矢野憲一さん（一九三八～二〇一六年）の見聞記を引用したい。じつは、矢野さんとは交誼《こうぎ》があり、伊勢参宮の行事についても時どきに教えてもらう関係にあった（矢野さんは、長く伊勢神宮に奉職）。

> 昭和六十年六月三日、私は、長野県木曾郡上松町小川入国有林の南小川で行われた、御杣始祭に参列した。ここは赤沢自然休養林になっていて、木材輸送の森林鉄道があったが、すでに何年も前に運転を中止していたのを、この日のために特別に再開、祭場近くまで運んでいただいた。

祭場は、山の南面で近くに川があること、内宮と外宮の御用材となる同質同径の無節の優良木が並立して一〇メートルほどの間隔にあること、傾斜のゆるい場所で、三〇〇人ほどが座れる設営ができること、伐採搬出が安全で便利な所、一般通行コースからは離れ、かつ参列員の歩行が少なくてよい所、こうした諸条件にかなう場所の選定は苦労があったそうだ。

参列者の席はすべて檜づくり。さすが木曾檜の本場だ。

向かって左が皇大神宮、右が豊受大神宮の御神体をお納めする用材になる御樋代木。ともに樹高約三〇メートル、胸高直径六五センチ余、樹齢三〇〇年ほどという。注連飾りがなされ、神々しく霊気がただよう。

祭場の中央には黄色の幣串、東北に青、東南に赤、西南には白、西北には黒の幣帛《へいはく》が立ち、御木の前には神饌《しんせん》をお供えするための楉案《しもとあん》という、樹皮をつけたままの椎《しい》の枝でつくった机が並ぶ。

祭典が進められ、いよいよ御樋代木を伐る白い作業衣の杣人《そまびと》八名と補助役一〇名が、新調の斧を根元に打ちおろす。カーン、カーンと林間にこだまする。最近はこうした手法で伐ることがなくなったので、一世一代のこの日の大役のため十分に練習を重ねて晴れ舞台に臨んだそうだ。この伐採方法は「台切り」とか「三ッ尾切り」とよぶ。二本で約一時間余、幹の外側の三点を残し空洞ができた。最後の斧を入れようと構える。

「大山の神、左よき横山に一本寝るぞ――、いよいよ寝るぞ――」

高々と唱える杣詞《そまことば》。ギギーッときしみ音をたてて轟音とどろく。ついで外宮の御木も同様に、二本が交叉して横たわる。奉拝席から万雷の拍手。

この御木は化粧掛けをされ、各地で盛大な奉迎をうけながら、トラックで神宮へ運ばれた。

（矢野憲一「神宿る日本の樹木」、『樹の日本史』に所収）

伊勢神宮の式年遷宮については、三十いくつもの諸祭がある、という。そのほとんどは、樹木、あるいは柱を尊んでのまつりである。つまり、「木のまつり」。それは、日本人と「山」と「木」をつないだ信仰文化であり、そこにカミをもつないだ民族文化なのである。

そこでの樹木は、カミの依代《よりしろ》でもある。

「上頭《みね》に樹林《はやし》在り、此《こ》は則《すなわ》ち神の社《もり》なり」

これは、『出雲国風土記』（天平《てんぴょう》五＝七三三年）の秋鹿《あいか》郡の条、足高野山《あしたかのやま》の項に載る文である。

社と書いてモリと読ませる。杜《もり》は、すなわち社《やしろ》なり。そう読んでもよかろう。神々は山頂部の樹林を社とした。そうした古代の風景がよみがえってくる。

「御山」そのものを、「神座《かみくら》」ともいう。神体山・神奈備山などともいう。

御山を拝するということは、山全体でなく、その山頂を仰ぎみることである。富士山のような高峰をのぞけば、ほとんどの御山は、山頂部にも樹木・樹林がある。そうしたとき、その樹林がひときわ輝いてみえることがあった。これを「嶺の後光《ごこう》」ともいった。

そこから、柱を降ろす。古い神事は、その柱を立てることからはじまった。もちろん、しかるべき手順を経た柱ではあるが、それを立てることによって、そのところにおいての主祭神の依代《よりしろ》となった。

神々を数えるのに、「柱」が単位になる。たとえば、『古事記』で、天地《あめち》初めて発《ひら》けし時、高天原《たかまのはら》に成れる神は、天之御中主神《あめのみなかぬしの》・高御産巣日神《たかみむすひの》・神産巣日神《かみむすひの》の「三柱《みはしら》の神」と表記する。また、国稚《わか》く浮きしところで成れる神が、宇麻志阿斯訶備比古遅神《うましあしかびひこじの》と天之常立神《あめのとこたちの》。そして、右の「五柱《いつはしら》の神は、別天《ことあま》つ神」である、と表記する。

古代においては、柱降ろしも柱立ても、カミを山（杜）から里に迎えるためには大事なことだったのだ。それが、現在《いま》にも伝わる。

伊勢神宮の式年遷宮のとき。また、諏訪《すわ》大社での式年造営御柱大祭のとき。大がかりな木降ろしと柱立ては、毎年はできない。かといって、間隔があきすぎると、伝承がおぼつかなくなる。伊勢神宮では、二〇年ごと。これは、とくに諸々《もろもろ》の技術の伝承としては、これ以上は延ばせない間隔となるだろう。諏訪大社では、七年ごとと相なる。

諏訪大社は、上社本宮《かみしやほんみや》（長野県諏訪市）・上社前宮《まえみや》（茅野《ちの》市）・下社春宮《しもしやはるみや》・下社秋宮《あきみや》（下諏

訪町）の四社を総称してそう呼ぶ。その起源は、五世紀のころまでさかのぼる。神々の、その実は氏族の抗争と交替があって八世紀のころに祭政がまとまる、と伝わる。

さまざまな神話も伝わる。最初のカミは、ミシャグチ。それが、現人神《あらひとがみ》に追われ、郷（村）に祀られることになった。

現人神を、ミナカタトミというそうだ。すると、『古事記』にも収録されている出雲神話のなかでの建御名方神《たけみなかたのかみ》を連想するのがたやすい。大国主命《おおくにぬしのみこと》の子神で、国譲りに反対して諏訪まで逃げて降伏した。そして、諏訪の国の守護神となった。

諏訪大社下社春宮の一の御柱　拝殿外の四隅に立つ、その一の御神体である（長野県下諏訪町）

建御名方神は、現在も諏訪の大神である。

そして、式年の御柱祭は、ミシャグチの神霊を祀って偲《しの》ぶのだ、という伝承がある。その御柱祭は、近隣の山からモミの大木を伐って降ろす。四社に四本ずつ。その木降ろしの勇壮でにぎやかなようすは、メディアの報道でもおなじみなのでご存知の方も多かろう。

その御柱を、それぞれの神社の四隅に立てるのである。それがミシャグチの依代かどうかは別として、神木であることには違いない。

なお、その四柱は、神社の四隅の結界を示す。地鎮祭の神話的な表現、と説くむきもある。

四社のうちどの神社に参拝しても、その御柱はすぐわかる。だが、その御柱を拝む人は少ない。とくに、奥の二本の柱を見ようとする人は、皆無に等しい。もったいないこと、と思う。

古代にせまる史実は、存外、私たちの身近なところにもあるのだが、と。

榊に栄樹の誉あり

山から木を降ろす。

カミが依《よ》りついた木、あるいは枝を降ろす場合がある。第一章でとりあげた歳神《としがみ》の「松降ろし」がそうである。

降ろした後で、カミがあらためて依りつく木降ろしもある。伊勢神宮や諏訪神社の「御柱」がそうである。

その樹木には、さまざまな種類がある。

もっとも古くさかのぼって鳥浜貝塚遺跡（福井県）からは、次のような木製品の出土例が確かめられている（森川昌和「鳥浜貝塚の四季」、『日本の古代4』に所収）。カエデ・カシ・カヤ・クリ・ケヤキ・サカキ・シイ・スギ・タブ・トチ・トネリコ・マツ・ヒノキ・ユズリハ・ヤマグワ・ヤブツバキ。縄文人は、これほどの樹木になじんでいたのだ。容器や棒、板や櫂《かい》、それに船など。それが明らかになるのは、『古事記』によってである。

「天《あま》の岩屋戸《いわやど》」は、中国地方での神楽などでは「岩戸開き」という演題で知られる。弟神、須佐之男命《すさのおのみこと》の悪しきふるまいを咎《とが》めきれないままに天の岩屋戸に隠れ籠った天《あま》照大神《てらすおおかみ》。それによって、高天原《たかまのはら》も葦原中国《あしはらのなかつくに》も闇《くら》き常夜《とこよ》となった。八百万《やおよろず》の神が集って協議をしたり占いをたてたり。天児屋命《あめのこやねのみこと》が太詔戸《ふとのりと》を奏し、天宇受売命《あめのうずめのみこと》が神懸《かみがか》りをなす。

そのところでの祭壇が次のようにしつらえられるのである。

天の香山の五百箇眞賢木《いほつまさかき》を根こじにこじて、上枝《ほつえ》に八尺《やさか》の勾璁《まがたま》の五百津の御《み》すまるの玉を取り著け、中《なか》つ枝《え》に八尺《やあた》の鏡を取り繋《か》け、下枝《しづえ》に白《しら》にきて、青にきてを取り垂《し》で

て、

（中村啓信訳注『古事記』より）

根こそぎのまま、サカキ（賢木＝榊）をそこに立てて、神器や呪具をとりかけた、とある。

サカキは、現代でも神事に関連して重用される。たとえば、神籬《ひもろぎ》・大麻《おおぬさ》・玉串《たまぐし》など。それらは、いずれも神々の依代《よりしろ》としての意味をもっている。

ちなみに、神籬とは、神事や祈願の対象となるもので、いくつもある依代のなかでも中心的な存在である。とくに、神社や神棚のないところでの神事は、神籬を立てないことにははじまらない。

たとえば、地鎮祭である。

此《こ》の斎場《いつきば》を厳《いつ》の磐境《いわさか》と祓《はら》い清《きよ》めて　神籬刺立《ひもろぎさした》て　招《お》ぎ奉《まつ》り坐《ま》せ奉《まつ》る掛《か》け巻《ま》くも畏《かしこ》き
大神《おおかみ》の大前《おおまえ》に恐《かしこ》み恐《かしこ》みも白《まお》さく

地鎮祭の祝詞《のりと》では、たとえばそのようにうたう。

神籬を立てて、そこに神を招き奉るのである。この場合のヒ（神）は、古語で霊。モロギ（籬）は、室の意、とする説もある。

また、サカキの一枝で象徴しているが、それは本来は森の意をもつ、とする説もある。カミが鎮まる山の森（杜）を表現したもので、山や樹林を信仰の対象とした原始の形式を伝える、とするのだ。これまで述べたところとおおむね合致するところである。

私の郷里で盛んな備中神楽《びっちゅうかぐら》（岡山県）には、「榊舞《さかきまい》」がある。

湯立神事　榊や塩と同様に「湯」も祓いに多用される。仮設の神座である湯釜に関係する諸神を招き、笹や榊を湯に浸して、それを振って人びとを祓う（兵庫県香住町）

備中神楽は、中世系の白蓋《びゃっかい》神事（降神行事）・託宣《たくせん》神楽・五行神楽などと、近世系の神代《じんだい》神楽（神話劇）をあわせて伝えているが、一般的には神代神楽の方がよく知られている（演じられる機会が多い）。

そうした神楽が演じられるとき、それに先だって神殿《こうどの》（舞台）を潔《けっ》斎《さい》するのが榊舞である。舞手がサカキの小枝を手に舞い（囃《はや》しは太鼓）、唱えごとをしてサカキの葉を撒いて祓い清めるのである。

そこでは、天照大神が天の岩屋戸にたて籠った経緯《いきさつ》を語ったあと、次のように説く。

（真賢木を前に）相共に祈り申して　無上霊法神道加持と唱え奉れば　ことごとく身清《きよ》く清まりなり給うものなり　この榊葉を手折《たお》り持ちて　この御座《みざ》清めん

もっとも、この一節は『古事記』にはない。

備中神楽の榊舞では、言いたてのあと、さらにサカキの葉の霊力をたたえて神楽歌が三首続く。

大空や天《あめ》の真名井《まない》に水あれど　榊の葉にて垢離《こり》をこそとれ
今般の神社《みや》の手水川《ちょうず》にも水あれど　榊葉もちて空垢離《からごり》をこそとる
榊葉を他《ほか》へ漏らすな氏人《うじびと》に　貴重の産子《うぶこ》に舞や納めん

そして、一同が神前に座し、サカキの一葉を口にくわえて唱えごとをし、葉を二つにちぎって左右に撒き禊《みそぎ》が完了する。そのときの唱えごとが以下のとおりで、これもサカキの葉に託する意味をよくあらわしている。

榊葉に木綿《ゆう》採《と》り垂《しで》て打ち祓い　身には穢《けがれ》の霧雲もなし
橘《たちばな》の小戸《おど》の禊《みそぎ》をはじめして　今ぞ清むるわが身なりけり　無上霊法神道加持

サカキに、とくに、その葉に罪穢《つみけがれ》を祓う霊力がある。カミとの仲立ちをする霊力がある。神事や神楽を通じて、それが、一般にも周知されることになったのである。

では、なぜサカキがこうも神事に多用されるのだろうか。それは、常緑で、枝切りをしてからのちも日もちがよいからである。

サカキは、関東以西に分布をみる照葉樹である。ツバキ科の常緑高木。とくに、葉が艶《つや》やかな常緑で互生しており、まことに美しい。

そもそも、本格的なまつりは、長期に及ぶものであった。ともすると、私たちは、祭典や渡御《とぎょ》（神輿《みこし》渡御が一般的）、あるいは芸能が行なわれることをもって、まつりととらえがちである。が、それはまつりの華の部分であって、その前後の関係者による潔斎期間をいれると、相当の日数がかかってくるのである。

したがって、そこでの祭具や飾りものは、その期間、壊れたり萎《しお》れたりしないものでなくてはならないのだ。

さいわいにして、かつての日本は、農業人口が七割以上を占めていたので、とくに村落社会でのまつりは、農閑期に集中する傾向があり、食べものや植物が夏ほどに傷《いた》みやすくはなかった。が、それにしても、その選択はかぎられていた。

そこに、サカキが登場する必然があったのである。

サカキの語源は、「栄樹」である、という。そして、それは、常緑樹の総称であった。

なかでも、サカキがもっとも多用されることになり、サカキに対しての神聖にして清浄なイメージが定着したところで、「榊」という字が当てられたのであろう。

なお、関東以北、東北地方には、厳密な意味でのサカキは自生せず、葉がひとまわり小さく、縁に鋸歯《きよし》があるヒサカキを代用して、これを通称サカキとしている。

また、鹿児島県下では、クスの枝葉を代用するところもある。

常緑の栄樹という意味では、タケ・ササやマツも、サカキに準じた使われ方をしている。正月の注連《しめ》竹《たけ》（とくに関東地方）、十日《とおか》戎《えびす》の福笹《ふくざさ》、あるいは門松などは、周知のとおりである。

日本での神々は、青々と繁った樹木がお好きなのだ。

それがただ常緑であるだけでなく、光があたると神々《こうごう》しく輝いてみえたり、たおやかに揺れたりする。それが、依代の依代たるところなのである。

あやにくや　賢木《さかき》花散る　神子が袖（巴文）

神木とされる巨木列伝

「山島」列島、日本には、一〇〇〇年もそれ以上も経った巨樹・巨木もまた多い。

昭和が終わるころ、林野庁でも環境庁でも、巨樹・巨木調査があった。「緑の国勢調査」ともいった。

当時は、各県や市町村でも関心が強く、巨樹・巨木をテーマとしたイベントもよく開催された。それは、都市化が進んだところでの自然回帰でもある、と評価された。

しかし、いつの間にか、それも下火になった。

そのころ（二〇〇二年）の出版で、写真が鮮明な『別冊太陽　樹木詣で』（牧野和春監修）から「神木」に相当する巨樹・巨木を以下に選びだしておこう。ただし、その数が多いので、ここでは国と県が指定する天然記念物、そのところでの老樹木にかぎることにした（なお、町村名については、二〇〇二年当時のままにした）。

＊十二本ヤス（青森県金木町《かなぎまち》）　まっすぐのびた幹が地上三メートルほどのところで枝分かれし、一二本の支柱となって天をつく。樹木名はヒノキアスナロ（一般にはヒバと呼ばれる）だが、昔人は、これを魚をつくヤスに見立てたことからこの名がついた。御神木となったのは、昔、魔物退治に山に入った若者が、神通力を持った白い大ザルを殺してしまい、そのたたりを恐れた村人がヒバの苗を植えて供養したこ

とにはじまる、という（国指定天然記念物）。

＊筏《いかだ》の大スギ（秋田県山内村《さんないむら》）　村の中心から少し山中に入った比叡山《ひえいざん》三十番神社の境内にこの大スギが立つ。がっしりとした主幹からのびた二本の支幹がまっすぐ天をつく。地元では「番神《ばんじん》の大スギ」とも呼ばれ、御神木として祀られている。正月には、大スギの前で神前相撲も奉納される（県指定天然記念物）。

＊山五十川《やまいらがわ》の玉スギ（山形県温海町《あつみまち》）　日本海に注ぐ山五十川流域にある熊野神社の境内に立つ。根元は小山のように盛り上がり、幹は天に向かってそそり立つ。遠くからみると木全体が美しい球の形をしていることから、玉スギという名がついた。太い根が社殿の下にもぐりこみ、建物を傾斜させるほどだったが、それでは木の生長にも悪影響があるため、平成一二（二〇〇〇）年、新たに社殿を移転新築した（国指定天然記念物）。

＊塩原の逆スギ（栃木県塩原町）　塩原八幡宮の境内にある。二本のスギの巨木が寄り添うようにまっすぐにのびている。西側の木は雄木、東側の木は雌木、二本一緒に夫婦スギとも呼ばれる。名前の由来は、下に向かってのびる枝が多いため、見上げるとまるで天からスギが生えるように見えるから、とか。樹齢は一五〇〇年。源義家が奥州出陣の際この神社に立ち寄り、戦勝を祈念した、という伝説もある（国指定天然記念物）。

＊船生《ふにゅう》のヒイラギ（栃木県塩谷町《しおや》）　塩谷町在住の個人の所有で、その家の氏神を祀った稲荷《いなり》神社境内にある。ヒイラギは、古来、魔除《まよ》け・厄除《やくよ》けとして尊ばれ、家の敷地内にヒイラギを植えると病気にならない、と言い伝えられてきた。樹高約一二メートルのこのヒイラギは、九五〇年ほど前、魔除けの御神木として植えられたものである。「とちぎの名木百選」にも選ばれた（県指定天然記念物）。

＊土屋神社の神木スギ（埼玉県坂戸市）　このあたりには、かつて古墳がいくつかあったが、現在残るのは一ヵ所だけ。五〜六世紀ごろにつくられた円墳で、径が約五〇メートル、高さ四・五メートル。内部には横穴式石室がある。神木スギは、その古墳の真上に立ち、神社がその前にこぢんまりとたたずんでいる。樹高は二八メートル、幹周りが八・五メートル。巨木ではあるが、落雷にあって梢《こずえ》のほとんどの枝が枯死してしまった。白骨のようになった枝を天に向かって差しあげる姿が胸を打つ。なお、この神木スギにはテンマサという妖怪が棲《す》む、という伝説もある（県指定天然記念物）。

＊上沢寺《じょうたくじ》のお葉付きイチョウ（山梨県身延町）　身延町は、日蓮宗の総本山久遠寺《くおんじ》の門前町として発展してきた。そこの上沢寺本堂の脇にお葉付きイチョウがある。ふつうギンナンは、葉の付け根になるが、この木は一部だが実が葉の上につくものがあり、それが霊験とみなされている（国指定天然記念物）。

＊根古屋《ねごや》神社の大ケヤキ（山梨県須玉町）　神社の正面に、鳥居をはさむようにして二本の大ケヤキが一六メートルの間隔をあけて並んで立つ。向かって左が田木《たぎ》、右が畑木《はたぎ》で、前者が男木、後者が女木とされる。いずれも樹齢一〇〇〇年を超える老木である。村人たちは、毎年春先になると、この木の芽の吹き方でその年の作物の吉凶を占った。田木が先に芽吹けば稲作養蚕が豊かとなり、畑木が先ならば雨が降って畑作が豊かになる、とされた（国指定天然記念物）。

＊三嶋大社のキンモクセイ（静岡県三島市）　樹齢一二〇〇年と伝えられる。「二度咲きのモクセイ」としても有名で、毎年九月上旬から中旬にかけて一度花を咲かせて散り、再び九月下旬から一〇月上旬まで木全体が黄金色に染まる。その香りと二度咲きの生命力は、三嶋の大神の力を示す御神木として古くから人びとの畏敬の念を集めてきた（国指定天然記念物）。

＊南花沢のハナノキ（滋賀県湖東町）　ハナノキは、別名ハナカエデ。琵琶湖東岸の湖東町八幡神社の境内の真ん中にあるこのハナノキは、国内最大とされる。樹高一五メートル、幹周りは五・二メートル。聖徳太子が百済寺《ひゃくさいじ》（湖東三山と呼ばれる名刹のひとつ）建立の際、「仏法が末永く隆盛するなら、この木も生長していくであろう」という言葉とともに食事をした箸を地面に挿したところ、箸が根づいて大木になった、という。

＊清田《せいだ》の大クス（愛知県蒲郡《がまごおり》市）　三河湾を望む斜面のミカン畑の真ん中に一本だけつきだしているのが、清田の大クスである。樹齢は一〇〇〇年。平安末期に源義家が奥州に遠征する際、この木を植えたと伝わる。樹高は二二メートルもあり、県内最大、中部地方でも有数の巨木である（国指定天然記念物）。

＊椋本《むくもと》の大ムク（三重県芸濃町）　伊勢街道沿いに位置する椋本は、江戸後期に旅籠《はたご》宿が軒を連ねて活況を呈した。この大ムクは、その賑《にぎ》わいの中心から少し外れた崖下で大きく枝を広げている。ムクの巨木としては全国二位。明治三年の台風で枝が折れたが、その枝でつくった獅子頭《ししがしら》は大ムクの分身として椋本神社に奉納されている。二月に行なわれる神楽では、その獅子頭が氏子の家々を巡るそうだ（国指定天然記念物）。

＊熊野速玉《くまのはやたま》大社のナギ（和歌山県新宮市）　熊野本宮大社・熊野那智大社・熊野速玉大社の三社をもって熊野三山と称し、紀州にあって独特の信仰圏を形成している。すでに平安時代には、法皇や上皇をはじめ貴人が都から頻繁に熊野を訪れた。それに庶民たちも加わり、「蟻の熊野詣で」と呼ばれるほどの賑わいをみせた。熊野速玉大社の参道脇にあるのがこの大ナギである。平重盛の手植えと伝えられ、樹齢は約一〇〇〇年。ナギは「凪」に通じ、家内安全・海上安全・縁結びをつかさどる御神木として信仰を集めてきた（国指定天然記念物）。

＊野間《のま》の大ケヤキ（大阪府能勢町）　大阪府最大のケヤキで、全国でも六番目の大きさを誇る。樹齢一〇〇〇年を超え、東西の枝張りは四二メートルもある。ケヤキのある野間神社は、古くから農耕神とされてきた。人びとは、春になるとケヤキの発芽の良し悪しでその年の豊凶を占った、という（国指定天然記念物）。

＊加茂の大クス（徳島県三加茂町）　がっしりとした主幹から一二本の太い枝がのび、東西南北に勢いよく張り出す。こんもりとした扇形の樹形が美しい。幹には注連縄が張られ、根元には小さな祠《ほこら》も設けられている。この場所は、以前は若宮神社の境内だったが、村社統合で社殿がなくなり、御神木だけが残った（国指定天然記念物）。

＊大山祇神社のクスノキ群（愛媛県大三島町）　瀬戸内海に浮かぶ大三島の大山祇神社は、クスノキの巨木群でよく知られる。広大な境内のそこここに樹齢二〇〇〇年級の巨木がそびえ立つ。なかでも、大山祇大神《おおやまつみのおおかみ》（天照大神の兄神）の子孫、小《お》千命《ちのみこと》が植えたと伝わる樹齢二六〇〇年、根周りが二〇メートルもある大クスが目をひく。他にも、根の下を人が通れるようになっている「生樹の御門」と呼ばれるクスや、日本最古のクス（樹齢三〇〇〇年）といわれる「能因法師雨乞いのクス」などがある（国指定天然記念物）。

＊湯《ゆ》蓋《ふた》の森・衣掛《きぬかけ》の森（福岡県宇美町）　宇美八幡宮の境内に立つのが、湯蓋の森・衣掛の森と呼ばれる二本の木である。ここは、第一五代応神《おうじん》天皇降誕の地とされる。

応神天皇誕生のとき、母である神功皇后《じんぐう》は、湯蓋の木の下で産湯をつかわせた。そのとき、あたかも湯舟に蓋をするようにクスノキがその上を覆った、と伝わる。その際、産着を掛けたとされるのが、本殿の左後方に立つ衣掛の森である（国指定天然記念物）。

＊柞原《ゆすはら》八幡宮のクス（大分県大分市）　宇佐八幡神宮より勧請《かんじょう》された柞原八幡宮。その境内に巨大なクスノキがそそり立つ。根周りは三三・八メートル、樹高三〇メートル。九州有数の巨木である。主幹は大きく二つに分かれ、一方には大きな空洞が口を開け、かつて数十人の子どもたちが同時に中に入った、とも伝えられる。樹齢三〇〇〇年というのは少し大げさとしても、神社創建（天長四＝八二七年）当初にはすでに巨木であり、当時から御神木とされてきた、という（国指定天然記念物）。

＊蒲生のクス（鹿児島県蒲生町）　蒲生八幡神社境内にあるクスは、樹齢一五〇〇年。樹高三〇メートル、幹周りは二四・二メートル。大岩のごとくそびえる姿は見る者を圧倒する。昔は根元から清水が湧き、小川となって周辺の田畑を潤していた、という。御神木であると同時に、田圃の守護神でもある（国指定天然記念物）。

＊塚崎のクス（鹿児島県高山《こうやま》町）　この地域には、弥生時代の住居をはじめ多くの遺跡がある。塚崎古墳群もそうした遺跡のひとつで、一帯には五基の前方後円墳と三九基の円墳がある。そのうちの一号墳の上に根を張ったのが塚崎の大クスである。樹

齢は推定一二〇〇年から一三〇〇年。クスがある場所は大塚神社の境内でもあり、大クスはその御神木となっている。根元から地下にかけては大きな洞窟が口を開けており、中に大蛇が棲んでいる、と伝わる（国指定天然記念物）。

もちろん、これでも一部にすぎない。

たとえば、巨樹・巨木といわれるもののなかに、国指定の特別天然記念物・天然記念物だけでも、現在二五〇件以上を数えるのだ。それ以外の巨樹・巨木も、全国にごまんとある。そして、そのうちのまた多くが「神木」とされる巨樹・巨木なのである。何百本か、それ以上か。これをすべて拾いだすのは、容易なことではない。

なぜ、巨樹・巨木に神木が多いのか。

巨樹・巨木は、いいかえれば、老樹・老木である。その風姿が神々しい。そこには、若木と違った、強い生命力がある。そこで、誰ともなく人びとは、それを神木としたのであろう。

スギ・ケヤキ・クス・マツ・カシ・イチョウなど、その樹種も多い。

ほとんど私の個人的な見当であるが、そのなかで、とくに象徴的なのが、スギとケヤキとクスであろう。スギは、本州部ではほぼ万遍なく分布をみる。ケヤキは、東日本に多い。そして、クスは、西日本に多い。

ここで、ヒノキの神木が少ないことに注目しておかなくてはならないだろう。その理由のひとつは、ヒノキは、それほどの巨樹・巨木には育たないから。また、とくに神社の建築の材料として重用されたからであろう。

クスの巨大な神木が九州から関東まで多く分布することをとりあげて、樟脳《しょうのう》が採れるほどの奇《く》（薬）しき霊木だからこそ、と解説する人もいる。

それも一理あるが、ならばヒノキは、と問わなくてはならないだろう。ヒノキもまた、その樹液は芳香剤として有用なのである。しかし、神木としては重きをなさなかった。そのことを、どう答えればよいのだろうか。

ここは、単純に巨樹・巨木であり老木であることの意味が重い、としておこう。

樹林にもまた精霊が

なお、巨樹・巨木をふくむ「森」がある。

山頂部にかぎらない。神社の後背林にかぎらない。各地に「モリサン」とか「モリドノ」と呼ぶ森がある。

そこにも神々がおわしますのである。

「山」「山の神」と重なるところもあるが、「杜の神《もり》」についての報告例もある。

たとえば、金田久璋《ひさあき》さんによる奈良市大保《おおぼ》での「杜神呼び出し《もりがみ》」の報告例（「モリサン

四柱の神木が立つ　中の二柱は、男杉・女杉として縁組や子授けを祈願して尊ばれている（東京都御岳山）

稀なる巨木のイチイガシ　いたるところ神木があるなかで、とくに生命力を誇る巨木。常に丁寧に祀られている（宮崎県椎葉村）

家の裏山に祀る山の神　正月になると、御幣を切換え、注連縄を張る（宮崎県椎葉村）

神木は死せず　伐り倒した跡にも御幣が立つ（東京都御岳山）

と杜呼び出し」、『別冊太陽　樹木詣で』に所収)。これが、まことに興味深い。

余談ながら、私も若いころ(昭和四七、八年のころ)、そこに行ったことがある。村境の大勧請縄《だいかんじようなわ》や山の神まつりは見聞もしたが、その「杜神呼び出し」は、知らないままで帰ってきた。現在《いま》にして思うと、うかつなことであった。

また、金田さんも存知あげているのに、その話を聞き漏らしている。うかつなことであった。

金田さんの報告から、概要を知ることにしよう。

それは、牛頭《ごず》天王を祭神とした八坂神社(氏神)の例祭(一〇月一七日)である。

一老と呼ばれる神主と副神主、老主(年寄り)十人衆、氏子総代三名、渡行者(ワタリともいう)の若衆一〇人が宮座となり、まつりをとり行なう。それに先立ち、九月一一日には、当屋(頭屋《とうや》)と当番が、ショウジャイリという精進潔斎《けつさい》を行なった。

宵宮《よいみや》の一〇月一六日、当屋がご神体の能面を納めた櫃《ひつ》を担って境内を巡り、「御渡《おわた》り」の神事を行なう。

例祭当日の午前一〇時、神主と副神主、烏帽子《えぼし》をかぶった素襖《すおう》姿の十人衆、渡行者一〇人が拝殿に整列する。

修祓《しゆばつ》、祝詞奏上《のりとそうじよう》。開扉のあと、雅楽の流れるなか、クリ・ミカン・カキ・ザクロ・枝豆・菓子・白菜・神酒《みき》・酒・塩。それに、洗米などの神饌《しんせん》を手渡しで献饌する。

次いで、神主と老主、渡行者の一行は鳥居の前に行き、南の方角を向きお祓《はら》いをした後、次のような杜神呼び出しの祭文《さいもん》を唱える。

まず老主が、「花ようとめ　たがようとめ　千早ふ　千早ふ」と唱えると、そのあとワタリの衆が二一の杜神の名を次々に呼び出すのである。

あおいばの杜《もり》では　花のようとめ　千早ふ　千早ふ
じんでの杜では　花のようとめ　千早ふ　千早ふ
ごいの杜では　花のようとめ　千早ふ　千早ふ
たらえ（おうえ）の杜では　花のようとめ　千早ふ　千早ふ
たてざおの杜では　花のようとめ　千早ふ　千早ふ
いどが谷の杜では　花のようとめ　千早ふ　千早ふ

それから東に向きをかえて、同様に「たど（おど）の杜」「どうの杜」「ほうぜんの杜」「しゃくが地蔵《しゃんぐわ》の杜」を呼び出す。次に、南面して、「なかの杜」「みぞくろの杜」「しぶたにの杜」「ふけの杜」「とさかの杜」「なかとの杜」「どろころの杜」「たばの杜（たばんど）」「たくのぼ（おくのぼ）の杜」「しょうのまえの杜」を、さらに、北を向き、「まつげの杜」の杜神を呼び出す。そして、ふたたび拝殿へと戻るのだ。

拝殿では、玉串奉奠《たまぐしほうてん》と撤饌《てっせん》。そのあと、当屋が面櫃《めんひつ》を担い、オコナイ役の十人衆が笛や太鼓、鼓《つづみ》を囃《はや》しながら境内をまわる。さらに、広場で、「ヨイショ、ヨイショ」と掛け声をあげて若衆が横飛びを演じて終了となる。

一〇月二三日午前、当屋の引き継ぎがなされる。その当屋渡しを終えると、二一ヵ所の杜神はふたたび杜に帰る、とされているのである。

各森（杜）にカミがいる。あるいは、杜と杜をかけてカミがいる。まことに興味深い事例である。

この他にも、各地でその森の名がカミが宿ることを伝える例がある。

ニソの杜（福井県若狭大島）
モリサン（兵庫県小野市・福井県若狭地方）
荒神モリ（島根県西石見《いわみ》地方）
モリドン（鹿児島県下）
ウタキ（沖縄県下）

このうち、ニソの杜については、祖霊が集《すだ》くところ、というかなり明確な伝承がある。その他は、森の神と山の神が同体化している。その区別が明らかでない。もちろん、あえて明らかにすることもあるまい。また、できもしないだろう。

山の入り口近くに森の神、山の頂近くに山の神、としておくとよいのではないか。

そして、森の神の象徴が、そこでいちばんの老木をもっての神木であったりするのだ。それも、幹に注連縄《しめなわ》を巻くことでは共通する。それ以外のことでは、どこまでも地方でそれぞれ、多種多様な祀り方なのである。

第四章　境を守る「塞の神」

お人形様　お人形様の修復・化粧直しをして、旧暦3月15日に厄除けの祈願をする（福島県船引町）

八朔での防虫・防風の祈願（ケーススタディ④）

八月一日は、八朔《はっさく》である。

かつては、農民にとっては、正月に次いで大事な行事日であった。

本来は、旧暦の八月一日である。そうでないと、農作と行事が合わなくなる。

タノミともいった。「田の実」とか「作頼み」という字を当てる。とくに、稲作の進行を確かめる意がある。旧暦でいうと、稲の稔《みの》りが明らかになる時期で、さらに豊作を祈念するまつり日となる。

八朔については、他に主従関係のなかでの贈答節供《せっく》の日とか昼寝（夏）と夜鍋（秋）の境の日とかの解釈もなされる。しかし、大略においては、稲作の進行にともなうまつり日、とみるのがよかろう。

私の本務地である宇佐八幡神社（岡山県美星《びせい》町）では、この日（現行は新暦による）に八朔祭（夏まつり）を行なう。

ここでは、二つの行事が習合して伝えられている。

ひとつは、夏越《なごし》の祓《はら》い。一般には六月晦日《みそか》の行事だが、いつのころからか八朔祭に合わせて行なわれるようになった。

前日、当番（頭屋《とうや》）組によって、拝殿の前に茅《ち》の輪《わ》がつくられる。これを、その日、宮司（私）を先頭に総代・当番（頭屋）・婦人総代などの参列者が8の字型に三度くぐる。以前は、一般の参拝者もあったが、最近では、あったとしても二、三人。これも、少子高齢化現象、というしかない。

水無月《みなづき》の夏越の祓へする人は　千歳《ちとせ》の生命《いのち》延ぶといふなり

『拾遺和歌集』にある歌を宮司が詠みながら茅の輪をくぐる。その最後は、「蘇民将来《そみんしようらい》、蘇民将来」。後続は、それを唱えながら続く。

この場合の「蘇民将来」とは、祓詞《はらえことば》の一種である。

それは、伊勢地方などに伝わる神異譚《たん》から引いたものである。

ある時、北海にいた武塔神《むとうしん》が南海にいた女神を訪れようとして道に迷い、蘇民将来と巨《こ》旦将来《たんしようらい》の二人の兄弟に一夜の宿を頼んだ。弟の巨旦将来は、金持ちだったのに断り、兄の蘇民将来は、貧しかったのに喜んで家に招き入れ粟飯をごちそうしてくれた。武塔神は、そのお礼に「茅の輪」のお守りを蘇民将来とその家族に授けた。すると、村に疫病が流行《はや》って皆死に絶えてしまったのに、蘇民将来の一家だけが無事だった、という伝説である。

ということから、「蘇民将来」は「除災招福」の詞《ことば》となった。

なお、現在でも三重県の南部（松阪・伊勢・志摩地方）では、それが確かめられる。正月に門口《かどぐち》に掛ける注連縄《しめなわ》に注目してみよう。その縄の中央部に「蘇民将来之家」と記した木札が取りつけてあるはずだ。この地方では、その注連縄は一年中掛けてあるので、容易に確認できるはずである。

さて、ここでの本題は、夏越の祓い（茅の輪くぐり）をすませた後での八朔祭である。

宇佐八幡神社でも、幣殿《へいでん》において本祭典としてとり行なわれる。修祓《しゅばつ》・祝詞奏上《のりとそうじょう》・玉串奉奠《たまぐしほうてん》と、神社神道が定めるところの祭式にしたがったものである。

そのあとで、御飯《みけ》と御酒《みき》による直会《なおらい》。そこで、神札《おふだ》が配られる。一体は、参列者銘々に。もう一体は、やや大型で当番組ごとに何体かずつ配られる。この神札が、タノミとかタノムと呼ばれる八朔の本義を伝えているのである。

宇佐八幡神社夏祭　悪風防封　害虫消除　守護

神札には、そう書いてある。

そうなのである。この時期、稲の結実は確かめることができた。もう、田圃《たんぼ》から水を落としてもよい。あとは、日ざしと適量の雨水があれば、豊作待ち。といいたいところだが、害虫の発生や台風の襲来を恐れなくてはならない。というところで、「虫除《むしよ》け」と「風避《かぜよ》け」の祈願がなされるのである。

そして、この神札は、各当番組（集落）の境、道の分岐点に立てられるのである。ところによっては、境をはさんでにらみ合うかたちで立てられることもある。つまり、外から厄災が集落内に入りこまないように、と願っての立て札になるのである。

近年は、神札をビニールで包み、それを竹串にはさんで立てるようになった。誰のアイディアだったのか、それによって、神札が朽ちにくくなった。霊験が長続きするようになった、とみてよいのだろうか。

神社の祭礼に関係してはいるが、そこに社《やしろ》はない。そこでは、塞《さい》の神や道祖神と同じように、境を固めて厄災を封じる「まじない」の意味がある。

他地方の民俗例にあわせてみると、「虫送り」に類似する。それをもって、ウチ（内）の災いをソト（外）に追いはらおうとするのである。

そのところでは、茅の輪もそうであろう。

神社や仏寺の境内にそれが掛けられるところから、神道行事か仏教行事にみられがちだが、もとは単独の信仰行事であった。チガヤ（茅萱）の霊力にあやかったもので、それは大注連縄と同じように道の境や辻に掛けられていたのでもあろう。

そして、必ずしも輪である必要はない。

たとえば、伊勢の二見《ふたみ》ケ浦《うら》の神社の前には、茅の輪とともに両脇に門柱のようにチガヤの束が立てられているのである。

そこでは、沖縄のゲーン差しにも注目しなくてはなるまい。ほとんどの行事日に、玄関や裏口などの出入り口にゲーン（チガヤ）を二、三本ずつ立てるのである。

チガヤの霊力には、わかりやすい意味がある。

それは、刃物に見立てての呪具、とみてよかろう。玄関の鴨居の上に自製の木刀をかかげている農家が北関東の各地でみられたが、それと同様の魔除《まよ》け、とみることができるのだ。

節分におけるヒイラギもそうである。また、戸口にハリセンボンや水字貝を吊《つ》り下げるのもそうである。

邪気悪霊を刃物や刺《とげ》や針で追い払う。魔除けの呪具は、武具の「見立て」である。まことにわかりやすい。

あらためて、「出入り口」に注目してみよう。

集落でいうと、「境」になる。そこで、まずは外から侵入する邪気悪霊を追い払わんとするのは、当然といえば当然のことなのである。

そのしつらいのかたちは、二義的なこと。あくまでも、時どきに、誰もが認めるそれらしいかたちで祓《はら》い固めることに意味があるのである。「鬼は外」と、庶民の願いはほほえましいまでに愚直なのである。

鉦や太鼓で虫送り

境は、ウチ（内）とソト（外）との間のことである。

ここでいう村落社会での境は、ほとんどの場合が、はっきりとした線引きがない。塀もない、壁もない。しかし、代々そこに住む人たちは、誰もがそれを知っている。

樹木があったり、岩があったり、小川が流れていたり、あるいは道が分かれる辻であったり。そうした境界がわかるのが、ウチの人たちである。境の両側のウチの人たちである。

ここでいうウチは、村落社会とはいっても小社会である。氏神《うじがみ》を祀《まつ》る大字《おおあざ》での単位よりも、さらに小さい。小字《こあざ》か、それ以下の単位である。私の郷里でいうところの、氏神の当番組。他では、頭屋《とうや》組ともいう。平均して、二〇～三〇戸の単位である。

そのウチという集落単位で、あらためてウチとソトとを再認する行事がある。

ウチにこうむる災いをソトに追放する。村境から送り出す、その種の行事がある。

そのひとつが、「虫送り」であった。

虫送りは、かつては全国的にみられた農村行事であった。

天候に頼らざるをえない稲作で、まず必要なのが水である。河川からの引水が計画的にできるところはともかくとして、日本全国ほとんどの農村は、天水（雨水）に頼る割合が

茅の輪　現在も、夏越の祓いとして各地で伝承されている（東京都諏方神社）

虫送りの神札　集落境に外向けに立てる（岡山県美星町）

大きかった。古くさかのぼってみれば、そうであった。

そして、人びとは、旱魃《かんばつ》を恐れた。

はからずも、その旱魃に見舞われたときは、神だのみしか方法がなかった。そのとき行なわれたのが「雨乞い」である。

神主や山伏に雨乞い祈禱《きとう》を依頼することが多かったが、自分たちで御山《おやま》に登り、山頂部に籠《こも》って一心に雨乞いを祈念することもあった。私は、前述もしたように、山形県の置賜《おきたま》地方でそれを聞いたことがある。置賜地方では、村はずれの小高い山をそうした行事の山とする例が多く、それをハヤマ（端山）といった。

関西では、鉦《かね》を打ちながら雨乞い踊りをするところもあった。秋田県の北部では、女《おんな》角力《ずもう》をとることもあった。関東の農村では、水神《すいじん》を恐らせることで水を吐きださせようとして、水場に石や汚物を投げこむこともあった。そうした事例が報告されているが、半世紀ほど前までは、各地にさまざまな雨乞い祈禱があったのである。

稲作にとっての水の必需は、八朔《はっさく》（旧暦の八月一日）のころまで。八朔のころには、水田の水を落とすことが行なわれた。

そこで、なお稲作の天敵として残るのが、イモチ病の元となるウンカなどの害虫である。現在《いま》は、農薬散布でそれを未然に防ぐことができる。しかし、農薬技術がおぼつかなかった時代には、防虫は容易なことではなかった。

そこで、「虫送り」が行事化もして続いたのである。

その方法も、さまざまである。たとえば、東日本の各地では、藁《わら》で人形をつくり、それを中心に行列をしてウチとソトとの境（以下、村境とする）まで送るという形式が多かった。

その藁人形の中に、害虫を包んで入れておくのも一般的であった。ということは、藁人形に害虫を寄せて彼方《かなた》まで運び出すことを託すわけだ。夏越《なごし》の祓《はら》いで人形《ひとがた》で身体を拭《ぬぐ》って、水に流したり火で焼いたりするのと同様の委嘱法である。

虫送りは、夏の夜半の行事である。先頭には、松明《たいまつ》が立つ。鉦や太鼓を叩いての行列も、ほぼ共通する。

そして、村境までくると、藁人形に松明の火をつけて焼き払う。それで、境からソトに虫を追い払った、とするのだ。

余談ながら、あるところでその話をしたら、他人の地所にごみを不法投棄する身勝手さと同じではないか、と反論されたことがある。なるほど、そういうとらえ方もあるのか、と感心した。が、民間信仰とは「俗信」にほかならない。「鰯《いわし》の頭も信心から」なのである。そして、そうした虫送りを「虫供養」というところもあるのだ。社会問題として是非を問うことではないのである。

この虫送りの行事の残存例が、姿を消してからすでに久しい。国の重要無形民俗文化財にも登録されていない。

ただ、復元例ではあるが、小浜市宮川地区（福井県）にそれが伝わる。

例年八月一〇日に実施してきたが、近年では八月一〇日に近い土曜日、または日曜日の夜に実施されている。

宮川地区の六区ごとにその地区の集会所に集合、太鼓打ちを行なう。打ちならしである。小・中学生の男女が中心となるが、大人が教える。

日暮れとともに、火をつけた松明を先頭に、行列を組んで中央会場（宮川小学校校庭）に集まる。道中は、鉦《かね》、太鼓と道行き歌で囃《はや》す。

中央会場に到着後は、僧侶による虫供養の法要が行なわれる。その後、各組ごとに太鼓打ちに入る。折り合いをみて、六区合同で正調虫送り太鼓を打つ。その他は、各組で自由演技を行なう。

そこでは、接待の飲みものや菓子がふるまわれる。私も、二度見に行った。そのときは、酒はでなかった。

中央会場での解散後は、各組ごと、虫を追い払う場所（村境）に行列をなして行き、松明を燃やす。

この虫送り行事は、宮川地区では戦後しばらく中断の時期があった。昭和五三（一九七八）年に加茂区で復活。翌年には、区長会の話し合いにより、宮川地区の合同行事として各区で復活に取り組むこととなった。昭和五六年からは、中央会場を宮川小学校とし、昭和五八年には保存会も結成された。そして、太鼓の調子も新保《しんぼ》区のそれに統一を図った。以来、宮川地区の最大行事として維持されている。

なお、近年、市内の太興寺《だいこうじ》区においても復活した。さらに、喜ばしいことである。国も県や市町村も、文化財指定をしないまま廃絶した「虫送り」行事である。小浜市は、これを市の無形民俗文化財としてとりあげた（平成一五年）。

「虫送り」と相対の行事として、「人形送り」があげられる。「疫病送り」といいかえてもよい。藁人形をつくり、それを村境に立てる。というか、ウチからソトへと送るのだ。

それについては、福島県の佐々木長生《たけお》さんの論考に詳しい。「福島県内の藁人形」（『福島の民俗』第一七号に所収）を参考に、それを紹介しておこう。

福島県下での藁人形には、「人形道祖神」と「人形送り」がある。人形道祖神は、現在でも各地でみられる。が、人形送りは、現存する明らかな事例がない。

江戸時代の文献からは、疫病送りとして人形送りを行なっていたことが明らかになる。佐々木さんは、三件の文書をとりあげる。そのうちの「熊倉組風俗帳」（文化四＝一八〇七年）を、以下に引用する。なお、ここでの熊倉組は、現在の喜多方市南部にあたる、という。

「疫神送　是は其村にて疫病多く相煩候時、藁人形拵作り山伏、社人拵頼み、鐘太鼓小旗を以て村界や送る」

藁人形をつくり、村界（境）に送る、とある。そして、ここでも鉦（鐘）や太鼓の囃しがでてくる。あとの二文書の内容も、ほぼ同じである。

こうした疫病送りの行事が廃れた理由は、わからない。しかし、明治元（一八六八）年の神仏判然令《しんぶつはんぜんれい》とその付則によって、神主（右の文書では、社人）の呪術は好ましくない、とされた。その影響があるのではなかろうか、と思える。が、まだ西会津地方にはその伝承が点在する、と佐々木さんはいう。

ともあれ、ウチにかかりうる災厄を村境にまで送っていき、ソトに払う。まさに、「鬼は外」と同類の行事が古くは少なからずあった、ということを確認しておこう。

勧請縄と蛇頭

くりかえすが、境は、ウチ（内）とソト（外）の間のことである。

そこでは、ソトからウチに厄災が入らぬよう、「防災」の儀礼が行なわれる。そして、「防災」の標識が立てられる。あるいは、掛けられる。

防災の標識は、平たくいうと、侵入禁止印《じるし》だ。

大別して、注連縄《しめなわ》と藁《わら》人形・石造物がある。

注連縄は、標縄とも書く。そのウチは、カミ（神）の占有するところ、という標識にほかならない。それが、ソトからの邪気悪霊の侵入を防ぐ、という意味を強調することにもなるのだ。

俗に、注連縄をして、シメともいう。縄を外して「注連」と縮めた、ともいう。が、それに「締」の意をかけた、とみなくてはならないだろう。つまり、都合の悪いものを締め出す。むしろ、その意の方が強いだろう。

村境での注連縄は、家の門口や床《とこ》の間《ま》に掛けるそれとは違って、太くて長い。たとえば、村境の道の上方に渡すのだから、少なくとも四、五メートルは必要となる。

その大注連縄を、「勧請縄《かんじようなわ》」と呼ぶところが少なくない。カミを勧請したしるし、という意味であろうことは、いうをまたない。

私が実際に見たところで、奈良県・滋賀県・福井県のあたりでは、ほとんどでそういっている。

そして、その勧請縄を張るのも正月明け、ということでほとんどに共通する。

たとえば、小浜市（福井県）では二ヵ所でのそれを市指定の文化財として伝えている。ひとつは、法海《のりかい》地区の六日講（一月六日）の勧請縄行事。もうひとつは、荒木地区の二十日講（一月二〇日）の勧請縄行事である。その内容は、両地区ともほぼ同様である。ここでは、勧請縄を「ジャ」とも呼ぶ。三つ組みに編んだ縄（蛇縄）に蛇頭《じやがしら》がとりつけられているからである。

蛇縄には、一二本の御幣《ごへい》が立てられる。木でつくった轡《くつわ》・鐙《あぶみ》が付けられ、全体にツタカズラが巻かれる。蛇縄の中央部には、勧請板が下げられる。勧請板には、「七難即滅　七福即生　区内安全」と書かれている。これは、蛇縄をつくった集会所で真言宗の住職による祈禱法要が行なわれたからである。

男衆が、それを集落境（入り口）に道路をまたぐかたちで張る。

なお、六日講の法海地区では、勧請縄の設置後、さらに行事が続く。一同が区内の阿弥《あみ》陀堂《だどう》に行き、板壁を叩きながら般若心経《はんにゃしんぎょう》を唱えるのだ。ここでも、それは山の神への祈願だ、という。

この勧進縄は、その地区に不幸（葬儀）があったときには切られ、処分される。そのことも、奈良県・滋賀県・福井県の各地にほぼ共通する。

こうした勧請縄については、正月明けに張られることから農作の予祝行事でもある、という見方もなされる。山の神への祈願などがともなうので、そうであろう、と思える。が、農作を含んでその年の安全をはかるための厄災封じでもある、とするのがよいだろう。

ここで、蛇縄について考えておこう。注連縄になぜ蛇頭が付くのか、だ。

猟師《りょうし》・樵《きこり》・炭焼などが山入り（初山）をするときに、山の入り口に蛇縄を張る事例もある。どちらかというと、西日本各地に多くみられた。一二月に行なうところが多かった。

ひとつには、蛇は、山の神の使者とされたからだ。一般には、山の神の使者としては狼が知られる。山津見《やまつみ》神社・大山祇《おおやまづみ》神社（福島県）、桐生三峯《きりゅうみつみね》神社・雷神嶽《なるかみたけ》神社（群馬県）、金鑽《かなさな》神社・岩根《いわね》神社・三峯神社・両神《りょうかみ》神社（埼玉県）、武蔵御嶽《むさしみたけ》神社・大嶽《おおだけ》神社（東京都）、王勢籠《おせろう》神社・新屋山《あらややま》神社（山梨県）、田代大井神社・山住《やまずみ》神社（静岡県）など。とくに、東日本各地の神社の神札《おふだ》には、狼の図が刷りこんである例が多い。それぞれの神社の祭神名はともかくとして、総じて山岳信仰であり、原初は山の神が主座にあった。狼は、その山の神の眷属《けんぞく》であった、と各神社の由来が語る。

なお、事例は多くはないが、西日本でも、狼を眷属とする神社がある。大原《おおばら》神社（京都府）、名草《なぐさ》神社（兵庫県）、木野山《きのやま》神社（岡山県）などの神札に類似例があるのだ。

そのところでは、蛇の立場は弱い。しかし、とくに山で仕事をする人たちの間では、蛇は山の神に祈願をするには大事な存在、とされてきたのである。

むしろ、蛇は、山地の開墾にちなんで崇《あが》めるべき生き物、とされたのではあるまいか。たとえば、焼畑開墾にちなんでも、蛇の霊は粗末に扱ってはならない、とされた。それは、蛇が犠牲になりやすかったからだろう。はからずも火に巻かれたり、鍬《くわ》先で切られたりすることがある。その殺生を供養する、という意味があったに相違あるまい。

このヤボに火を入れ申す

ヘビ　ワクドウ　ムシケラども
早々に立ち退きたまえ
山の神様　火の神様　お地蔵様
どうぞ火の余らぬよう
また、焼き残りのないよう
お守りやってたもうれ

これは、宮崎県椎葉《しいば》村に伝わる焼畑における「火入れの唱え言」である。ただ、お地蔵様については、荒神《こうじん》様という場合もある。山の神様と火の神様は不変、ということは、そこに重きがあるのはいうをまたない。

この唱え言からも、山と蛇、山の神と蛇の関係が深いということがうかがえようというものである。

私の郷里の吉備《きび》高原上の農村では、「式年荒神神楽」を伝えている。ほぼ小字単位の集落で祀るのが産土神《うぶすながみ》で、例年のまつりは小規模なものであるが、七年とか一三年とかの式年年《どし》では、夜っぴいての神楽が奉納される。氏神（ほぼ大字単位）の例祭での神楽は、神《じん》代《だい》神楽（近世系の神話劇）が中心であるが、ここでは中世系の神事色の濃い神楽が表出する。白蓋《びやつかい》神事（降神行事）や託宣《たくせん》神楽（神懸《かみがか》り）や石割神事などである。

そのなかで、託宣神楽は、呪文を唱えながらの布舞か綱舞《つなまい》によって神懸る。その綱舞の綱は、蛇頭を付けた太綱なのである。

また、石割神事は、神楽の最終で行なわれるもので、神官か太夫が呪文を唱えながら手刀で石を割るのである。その石は、事前に斎燈《さいとう》（大規模なかがり火）の中に入れて焼いたもので、割れやすい状態になっている。が、手刀で割るには、それなりのこつも必要なのである。

問題は、その綱舞と石割をどうみるか、だ。

先祖たちの開墾作業をしのんでの所作であろう、とみる。蛇綱は、はからずも鍬先に当たる殺生の代表が蛇として、その供養によってカミ（山の神にも近い産土神）の眷属となる。ということで、蛇を通じて産土神が憑《つ》く、とみるのが妥当であろう。

そして、石割神事は、焼畑開墾にちなんでの所作であろう、とみる。大きな石の上を枯木や枯草で覆い、それに火をつけて焼いた後に棒で叩く。それによって割れた石くれを周りに積み上げると、石垣ができる。焼畑の周囲には、こうした石垣が少なくないのである。そうした話を佐々木高明氏としたことがある。佐々木氏は、不朽の名著『稲作以前』を著されており、日本だけでなく東南アジアでの焼畑にも詳しい。その結論でよろしかろう、と言っていただいた。右は、私ひとりの見解ではないのである。

なお、焼畑農業は、一方で狩猟をともなってのことが多い。いずれも専業という事例の方が少ないのである。

かくして、大注連縄に蛇頭が付けられることになった。

各地での、山に生きる人びとの自然発生的な信仰と造形。そこに類似性はあっても、伝《でん》播《ぱ》の系譜などはなかっただろう、とみるのがよろしいのではあるまいか。

石像と藁人形

サカイ（境）とサイ（塞）は、同義語とみることができる。

境を守るのが「塞《さい》の神」である。サイノカミ、サエノカミと呼ばれる。中部以北の東日本では、道祖神をしてサイノカミ、サエノカミと呼ぶところもある。民俗学の上でも、道祖神は塞の神の一種とするのが定説化している。もちろん、境・辻と道端は違う。そして、道祖神像は、必ずしも境や辻に立っているのではない。長野県下には、石像の道祖神が多く分布するが、それは、多くが道端に立っている。しかし、それらをして、サイノカミ・サエノカミと呼称する例も多いのだ。いつの時代かに習合した、と想像するのはたやすいが、呼称が混同しているという事実を無視することはできないのである。

ここでも、民俗学上の通説にしたがって、道祖神を塞の神の一種とする。

私事になるが、この道祖神という言葉にしばらくなじめなかった。学生時代の最終年に、木《き》祖《そ》村（長野県）から野麦峠を越えて高山（岐阜県）まで歩いたことがある。そのとき、長野県側で石像の道祖神を見たのがはじめての対面だった。男女が双体のそれがあったのを見て、驚きもした。私は、備中《びっちゅう》（岡山県）の生まれであり、人物を彫りこんだ石像にまったくなじみがなく、道祖神という呼称もはじめて知った。大げさにいうと、異文化との出会いであった。

その道祖神には、大別すると、石像と藁《わら》人形とがある。それを、『日本の民俗』（全四七巻）からひろってみよう。昭和四〇年代の調査記録である（地名は調査時のまま）。

＊旧伊達藩領では、石・木・鋳鉄製の男根そのものが多い。三陸町双浜では、峠道・坂道・分かれ道には祠や石碑がなくても神様がいるものだから不浄はしてはいけないといわれている（岩手県）

＊県南の部落境の小高い丘に、外に向かって藁人形が立てかけてある。丈は四～五メートル、面は仁王像のようで、右手に薙刀のようなものを持ち、股間に男根をつける。藁衣の着せ替えは毎年四月八日に部落の若者が行なう／村の三叉路《さんさろ》に二メートル近い石塔が立つ。その周囲に小石が五～六個置かれている（秋田県）

＊ドウロクジン・サエノカミとも呼ばれ、かつては路傍のいたるところに見られた。神体は石の男根が多いが、奉賽物《ほうさいぶつ》としては木製が多い。男女神をあらわした双体の石像は珍しく、福島市や南会津にわずかに見られるぐらいである（福島県）

＊道祖神は道の神であると同時に種々の病に霊力があると信じられている。栗山地方の道祖神まつりは、村の出入り口に大わらじを片方だけ吊るし、等身大の藁人形をつくって立て疫病除けにした（栃木県）

＊男女の神が向かい合い抱き合っている神像が西上州に多い（群馬県）

＊「道祖神」と刻んだ石碑が多いが、男根の形をしたものもある（千葉県）

＊西多摩・南多摩・北多摩・荏原地域で祀られていた。多くは玉石を置いたり、「道祖神」と刻んだ石碑を立てる。北多摩や荏原地域では、明治末ごろまで、正月一一日ごろから子どもたちが道祖神の傍らの田圃に藁で小屋をつくり、そこに道祖神を移して祀った。一四日になると、村内各戸を回って門松・注連縄などを集めて小屋の脇にうずたかく積む。そして、一五日にこの小屋とともにそれらを燃やす。サエノカミの行事が終わると、若者たちが各村組の道祖神を盗んで地中に埋めたり隠しあった（東京都）

＊山の藪や草むらの中などにわずかな囲いをして納められているものもある（山梨県）

＊ドウロクジン（道六神）、セイノカミ（塞の神）とも呼ぶ。ぬるで・くるみなどの木でつくった男女の人形を道祖神に供える風が県北部でみられる。村に道祖神を祀っていないところでは、木でつくった人形を米を入れた一升枡の中に立てて神棚に供

えて一年中置き、一月一五日に焼くところもある（長野県）
＊新築家屋の棟上祝いに木製の男根をつくり、道祖神に奉納するところがある（静岡県）
＊塞の神は、各部落の古い境界にはほとんどある。路傍に小石が積まれたり御幣が立てられているだけで、特別な標識をもつものは少ない（山口県）
＊サイノキサンと呼ぶ。神体は男根（香川県）

さまざまな形態と伝承があった。が、塞の神と道祖神の分布は、圧倒的に東日本に濃厚である、ということができよう。とくに、道祖神がそうである。

大ざっぱな見方をすると、中部から関東にかけては石像の道祖神が多く分布する。藁人形の道祖神は、福島県・新潟県あたりから北部に多く分布する。

そのうち、石像の道祖神でみると、単体のそれと双体のそれとがある。

江戸時代も、元禄《げんろく》（一六八八〜一七〇四年）のころは、男像とも女像とも区別がつきにくい神像風のものが多い。男女双体の道祖神は、宝永・正徳（一七〇四〜一六年）以降である、という（萩原秀三郎『目でみる民俗神　第三巻　境と辻の神』）。

もっとも、民間における石造物は、墓石を含めて江戸の前・中期のころからの普及とみるのが妥当であろう。たとえば、山陽地方に多く残存する「地神」と伝える五角とか八角

素朴な双体像　道祖神とみてよいのだろうが、この地方での分布例が少なく確定はむつかしい（福島市飯坂町）

諸願を託して　かつて遊廓があった街区の片隅で（名古屋市中村区）

の石柱、鹿児島県下に多く残存する「田の神」像などもそうである。それは、そこに刻まれた年号からも容易に推測できることである。

石像の道祖神でみると、写真でよくとりあげられるのは双体の道祖神である。したがって、一般にはその印象が強かろうが、単体のそれも多く存在することを忘れてはならない。

しかし、ここでも、あらためて男女双体の道祖神に注目することにする。

握手をしたり肩を組んだり、なかには接吻《せっぷん》や抱擁をしている像もある。これは、何を意味するのだろうか。

道祖神像以外にも、陰陽石や陰陽木に注連縄《しめなわ》を張ったり、藁を編んだ穴に木彫りの男根のようなものを差し込んで吊《つ》るしたり、そうした事象もある。それも、東日本の各地にその分布が濃い。これは、何を意味するのだろうか。

諸説が伝わる。

単純にはかれれば、子孫繁栄を願ってのこと、となる。が、それほどに単純ではない。塞の神は、境を守り、邪気悪霊を祓《はら》う存在なのである。

たとえば、生殖器そのものに魔除けの呪力がある、という説がある。

東北地方でのマタギ（狩人《かりうど》）のマタギ祝いや瀬戸内の家船《えぶね》漁でのフナダマ鎮《いさ》めなどの例があるので、それも一理がある。

ちなみに、マタギ祝いとは、千葉徳爾《とくじ》『女房と山の神』によると、山に入ったハツマタギ（新人）が裸になって、囲炉裏《いろり》の灰床に立てた二本の又木に足をのせる。男根が顕《あら》わになるわけで、そのカリ（亀頭）にシナの皮でつくった細縄を巻き、その縄の端を囲炉裏の向こう側の灰床に立てた鳥居をくぐらせ自在鉤《じざいかぎ》に結わえる。それから、まわりのマタギやセコ（勢子）たちが水や煙で清めたり呪文を唱えたりする。勃起した活力に満ちた男根を山の神に示し、その加護を祈願する儀式である、という。が、千葉氏がそうした話を聞きとって出版したのは三五年以上も前のことなので、現在に伝わるものではない。もう、そうした話も聞きにくくなっているのではあるまいか。

フナダマ鎮めは、夫婦単位で家船に乗りこんで漁をする漂泊漁民の間に伝わっていた呪法である。海が荒れて不漁が続くときに、婦人が尻からげをしてトモ（船尾）にしゃがみこみ、フナダマサマ（舟魂様）を連呼する。フナダマサマを目覚めさせて海難救助を祈願するのだ、という。また、災いをおこす海坊主を直に鎮める、ともいう。この話は、四五年以上も前に私が広島県の家船の寄港地で聞いた話である。これも、現在に伝わるものではない。

しかし、山や海にそうした祈願の呪法があった。性器に呪力がある、としたのである。それが、道祖神にも転じて通じるものかどうか。そのところの確信はないが、不断の連続性はあるのではなかろうか。

もちろん、何かにつけて子孫繁栄を願う信仰があった。信仰の対象が何神様であれ、安産を祈願したり、子どもの病気平癒《へいゆ》を祈願したりする事例も各地に派生して伝わっていた。
とくに、男女双体の道祖神には、子孫繁栄や幼児安全を祈願するにはふさわしい表情が備わっている。が、それをも意識しての造形であったかどうかは、わからない。たどるすべが、ほとんど見当たらないのである。

江戸の中期以降、たとえば東北地方にも多くの石像物が立つようになった。とくに、名高い「御山《おやま》」を遥拝《ようはい》するかたちで石像物が立った。たとえば、置賜《おきたま》地方（山形県）には、「月山《がっさん》」「湯殿山」「羽黒山」などの講碑（講中による建設）の類が数多く存在する。

しかし、道祖神の石像は、ここでは皆無に等しい。一部は上州にも及んでみられるが、ほぼ信州にかぎっての分布である。なぜだろうか、と問うても、これも簡単には答えられないところなのである。

さて、塞の神についてである。

東北地方には、藁人形を境や辻に立てる例が多く分布する。

ショーキサマ・ニオウサマ・カシマサマなどと呼ぶが、これを道祖神の同類とみてよいだろう。右に事例をあげたごとくに、である。

一方に虫送りや疫病送りの藁人形があるが、これは村境まで運び、焼いたり流したりする。前項までに述べたところだ。それに対して、ショーキサマ・ニオウサマ・カシマサマなどは、常設の藁人形である。

巨大な人形であることと、厳《いかめ》しい顔（紙や布を貼って墨で描いている）が共通する。そして、刀（木製）を腰に差し、むきだしの男根（藁製）を立てているような特徴がある。

これを綿密に調査して「人形道祖神」として発表したのは、旧知の神野《かみの》善治《よしはる》さんである（『人形道祖神――境界神の原像』）。そこで、神野さんは、東北地方から関東にかけて広く分布するが、福島県下には事例が少ない、といっている。

のちに、県南部でオニンギョウサマと呼ぶ大型の藁人形の存在も発表される（福島県立博物館の「境の神・風の神」展、一九八八年）。しかし、他県に比べて分布が濃いとはいいがたい。それについて、当時、博物館学芸員であった佐々木長生さんが興味ある報告をして

魔除けの大草鞋　百鬼も驚く日本一の大草鞋、という（茨城県石岡市）

いる。

小正月（一月一五日前後）に塞の神の人形をつくり、それをトンド（左義長《さぎちょう》ともいう）の火で焚《た》きあげるところがある、というのだ。会津若松市、南会津郡や大沼郡などの事例が示され、それが新潟県から長野県あたりまで共通する、とする（地名は、発表当時のまま）。もちろん、人形は小型で、編みこみも雑である。そして、正月用品の諸々と一緒に焚きあげるので跡形もなくなるのである。

そこにどのような意味があるのかは、必ずしも明らかでない。ただ、それを地元でサイノカミと俗称しているところで、無視もできないのだ。

人形道祖神だけとってみても、さまざまな形態と祀り方があるのだ。そこでは、仏教とか神道とかの政治的な影響は、ほとんどみられない。ここでも、日本における民間信仰の土着性とその伝承力、と評価しておくのがよいだろう。

たたりが怖いミサキ神

境は、生と死のはざまでもある。

疫神《やくじん》・御霊《ごりょう》・御崎《みさき》、それに無縁仏などがそこに依《よ》りついている、という報告例がある。魑魅魍魎《ちみもうりょう》もそこに出没する、という伝説もある。それらをウチに入れないために、総称していうところの塞《さい》の神を祀《まつ》るのでもある。

境の儀礼は何よりもまず〝死霊《しりよう》〟にかかわる民俗であることを本質とする。しかし無縁仏だけが境を占有しているわけではなく、共同体内部を守護する祖霊も同じ場に祀られていることを、目立ちたがり屋の防塞の神の影で見失ってはならない。

（萩原秀三郎『目でみる民俗神　第三巻　境と辻の神』）

そのとおりなのであるが、「祖霊」については、簡単に納得しない人も多いだろう。墓地に墓石が立ち並ぶようになるのは、江戸も元禄《げんろく》（一六八八〜一七〇四年）のころからである。師檀《しだん》（檀那寺《だんなでら》・檀家《だんか》）制度が定まったことによる。それ以前は、山頂や村境に遺体を埋葬する例もあった。が、そこまでさかのぼらなくてもよいだろう。往《い》き倒れの死者やカミの使者とする動物の遺体の埋葬例は、後々まで伝わったことである。したがって、祖霊にかぎらず、さまざまに不幸な死霊がそこに集《すだ》く、とみれば妥当なのではあるまいか。

流れ灌頂《かんじよう》も、人生をまっとうしていない死霊を村境や川辺で供養して成仏を願う行事である。とくに、出産時に亡くなった産婦の霊を対象に行なった。

四本の竹に経文を書いた布を張り、あるいは小机の上に位牌《いはい》を置き、縁者はもとより道往く人にも柄杓《ひしやく》で水をかけてもらう。「洗いざらしを百二十日」という言葉もあるそうで、その文字が消えるまで行なった。右の萩原秀三郎氏は、千葉県市川市の一九ヵ所の例をとりあげて報告しているのである。

不幸にして横死した人や動物の霊は、俗にいうところの「この世に未練」を残している。ゆえに、時折にさまよい出て、たたりを及ぼす。幻想といえばそれまでだが、それが共同幻想となったときに、祀り籠《こめ》る、あるいは祀り流すという呪法が生じたのであろう。

盆過ぎに無縁仏を供養する川施餓鬼《かわせがき》も、江戸・東京で盛んであった。身元不明が多い大都市ならではのこと、といってよい。

その横死者の霊を祀るもう一方のまつりがミサキアゲ（御崎上げ）であろう。仏教行事でいうと、御霊会《ごりょうえ》である。

といっても、ミサキにもさまざまがあり、全国的に同一の見解を共有するのがむつかしい。

たとえば、ミサキは地位の高い神々の先導役、という解釈法がある。狼神とか狐神とか蛇神とかの眷属《けんぞく》と同類とみる。関東地方の農村部にその伝承があった。また、餓鬼《がき》や無縁仏の系統とされるヒダル神（ヒダリ仏）を指すところもある。これは、西日本での伝承が顕著であった。ミサキの正体も、ひととおりではないのだ。

そのところにおいて共通するのは、ミサキは、たたりが強い霊とされたことである。

私の郷里のあたりでも、ミサキサマ（御崎様）が点在する。境とはかぎらない。山麓にも峠にも祀られている。小さな瓦宝殿《かわらほうでん》（素焼の祠）に小さな巻幣《まきべい》が納められている例が多いが、巻幣だけ木の根元に立ててある例もある。

ここで巻幣というのは、切り下げ幣（紙）を幣串《へいぐし》（竹）に巻きつけて裾《すそ》をひねったもの。紙がひらひらとはしないかたちである。私たちは、ミサキサマは、たたりがあるのでめったには出てこないように封じこめる、と言い伝えてきた。巻幣をつくるのは、ミサキサマを祀るときだけである。

ここでのミサキサマは、往き倒れとか事故とかで横死した人の死霊、とする。この世に未練を残しているのだろうから、十分に祀り籠ておかなくてはならない、とするのだ。

私にも、ミサキサマを祀り籠ることを一度だけ経験したことがある。

ミサキを封じこめ　平生には出没しないよう巻幣をもって封じこめる（岡山県美星町）

昭和四五（一九七〇）年の一二月、ミサキサマを瓦宝殿に祀ってほしい、という依頼がきた。父が受けたのだが、その日の都合が悪くなり、私に代勤をするように、と命じたのだ。そして、先述の巻幣などのことを教えてくれたのである。

依頼主は、岡山市に本社を構える建築会社であった。国道三一三号の工事を請け負っていたが、発破の現場で作業員のひとりが死亡にいたった、という。そこで、同僚の作業員たちがミサキアゲ（御崎上げ）をしてもらわないことには労働復帰ができない、と騒いだそうだ。建築会社の担当者は、ミサキアゲなることがわからない。そこで、父のところに相談に来たのである。

事故現場近くの小高いところに、瓦宝殿と祭壇が用意されていた。神籬《ひもろぎ》を立て、その前に神札《おふだ》を挟んだ巻幣を立てる。瓦宝殿に納めるものだから、小ぶりな神札と巻幣である。

それから、その場を祓い、祭典を行なった。それは、特殊祭典というもので、たとえば祓詞《はらえことば》に「三座の禊祓《みそぎばらえ》」を唱える。京都の吉田家がはじめた唯一神道の祓詞とされ、真言密教の表白の一節も挿入されている。前章のケーススタディ（地鎮祭）で紹介した「三元表白」。それをもって、ねんごろに祓い、静かに鎮まってもらわなくてはならないのである。

火のミサキというのは、火事が起きたところでの鎮めである。これは、人の死亡がなくてもミサキアゲを行なってきた。

そして、そうしたミサキサマは、血縁集団の株まつりや正月から彼岸までの家祈禱《やぎとう》（宅神祭）のときに御幣（巻幣）を切りかえて、他の神々の末席に並ぶかたちで拝まれる。次のまつりまでは、けっして出没なさらないように、と拝まれるのである。

吉備高原から中国山地にかけて、たしかなところでは備中・備後《びんご》の農山村で、そうした横死した人の霊がミサキサマとして祀られてきたのである。

なお、岡山県下のミサキ信仰については、三浦秀宥《しゅうゆう》『荒神とミサキ――岡山県の民間信仰』が詳しい。

それによると、たとえば大飛島《おおびしま》でいうミサキは、落武者の亡霊を祀ったものである。元は、石塚であったが、後に社殿ができて命力神社となった、という。また、水ミサキ、火のミサキ、縄ミサキなどが各所にある。水ミサキは水死者の霊を、火のミサキは焼死者の霊を、縄ミサキは縊《い》死《し》者の霊を祀ったものである。

さらに、十二神（一般には、山の神）をミサキと呼ぶところがあり、これは神狐《しんこ》の霊を祀ったものである。

県北では、ミサキのことをゴンゼンと呼ぶところがある。イズナ（狐）のゴンゼンと呼ぶところもある。それらは、木の根元に膳を供えて祀ったり、細竹や藁《わら》で小屋を掛けた中に御幣を祀ったりする。

神社を構えてミサキを祀る事例もある。たとえば、奥御前神社（津山市）。ここの神札《おふだ》には、下方両脇に狐が描かれている。その一帯では、かつて狐憑きのことをミサキ狂いなどともいった、という。

岡山県下だけでも、そのように多種多様なミサキがあるのだ。呼称も祀り方も、さまざまである。これを、系統分類するのはむつかしいし、またその必要もないだろう。人びとは、不慮の横死を悼み、その死霊が荒れることのないよう、目立つことも恐れながら祀ったのである。ここでは、仰々しい行事化や遊戯化は、ほとんどみられない。それをもって、人びとの恐れと哀れみの心情のあらわれ、とみればよいだろう。

ミサキは、オンザキとも呼ばれる。

備中でもっとも顕著な事例は、吉備津《きびつ》神社（岡山市）の御釜殿《おかまでん》に鎮まる丑寅御崎《うしとらおんざき》（艮御崎《うしとら》）である。そこでは、それにちなんでの鳴釜《なるかま》神事を現代にも伝えているのだ。

室町から江戸時代にかけて「吉備津宮縁起」の類が数点出されている。そのなかでは、江戸時代後期に編じられた『備中国大吉備津宮略記』が、それまでの古文献をまとめるかたちで詳しい。それによると、以下のような概略となる。

「第一〇代、崇神《すじん》天皇の御世《みよ》、五十狭芹彦命《いさせりひこのみこと》（以下、吉備津彦命）が吉備に派遣される。温羅《うら》という鬼神が岩屋山に立て籠り、西国から船で都に運ぶ貢物を略奪し、道往く婦女子をさらい、横暴をきわめている。その温羅を吉備津彦命が戦略をもって退治するのだ。温羅は、改悛《かいしゅん》して、吉備の冠者《かじゃ》の名を吉備津彦命に贈る。そして、自らを艮方の御崎霊神として祀るならば、御釜殿に鎮まり、阿曽女《あぞめ》（妻）が炊く釜の音で吉凶を示し、厄災から未然に守らんことを誓うのである」

これが、吉備津神社の鳴釜神事の起源として語り伝えられてきたのだ。上田秋成《あきなり》が読本《よみほん》『雨月物語』を著してもいるので、知る人も多かろう。

ここで、二つのことが明らかになる。

ひとつは、ミサキ・オンザキは、事故や戦死によって死亡した者の怨霊《おんりょう》であること。それを祀らなければ、たたりが及ぶ。右の吉備津彦命も、夢枕に温羅の亡霊が立ち、その恨《うら》み言に悩むことになった、と記述する文献もある。それで、艮御崎として鬼門封じを託して祀ることになったのである。

もうひとつは、鬼神も改悛すれば守護神となる「両義性」である。日本の神話や伝説には、その筋立てが顕著である。先述もしたように、仏教的な思想も入ってはいるだろうが、そこに「情状酌量」の余地がある、とする。これも、私たち日本人の精神文化として評価してよいのではあるまいか。

第五章　地神・産神と産土神

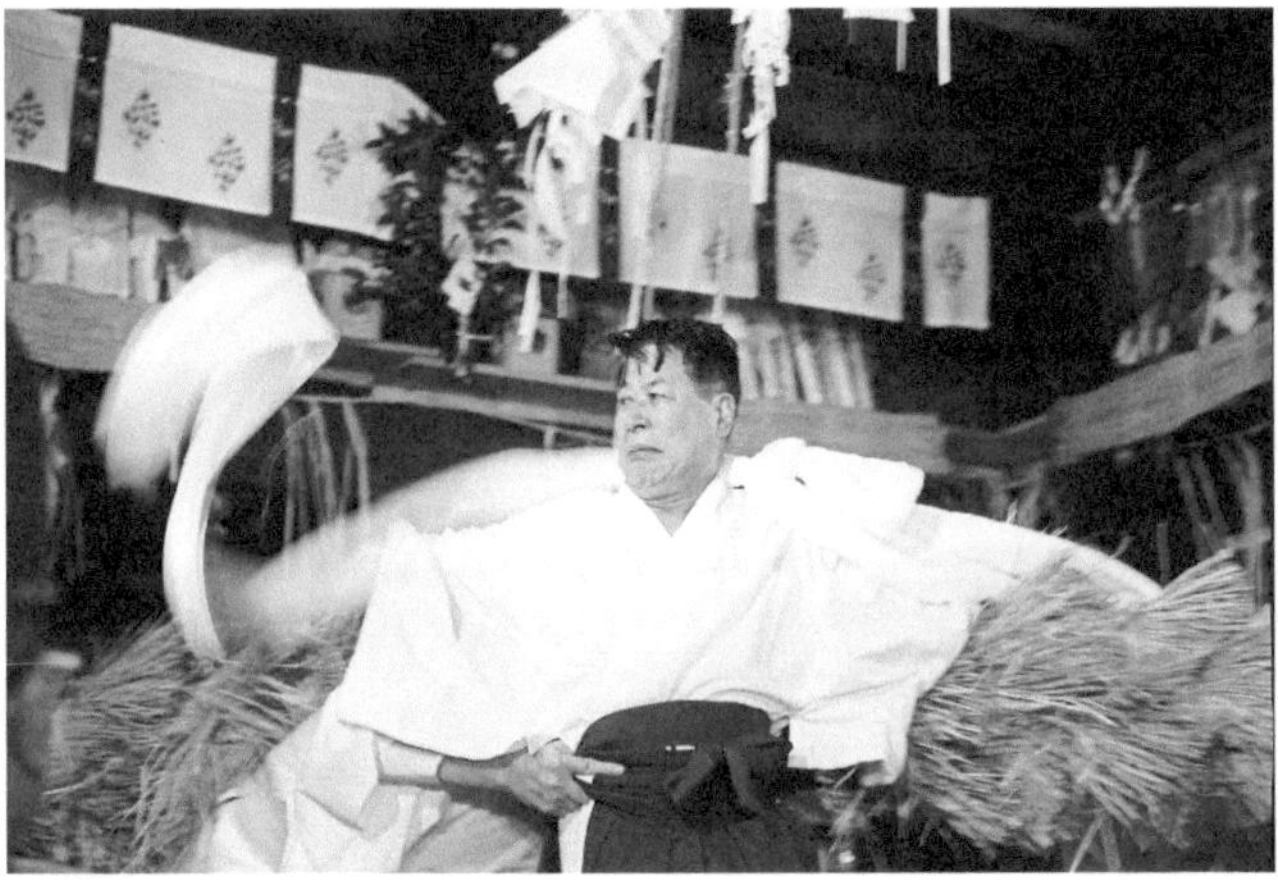

神懸り　備中や備後の式年荒神神楽には、神懸りが伝わる。布舞や綱舞のあとで神懸りして産土荒神の託宣を伝える（広島県東城町）

産土荒神の式年祭（ケーススタディ⑤）

私の郷里の吉備《きび》高原（岡山県）上の農村部では、一一月末から一二月にかけて産土荒神《うぶすなこうじん》のまつりが行なわれる。

一〇月から一一月中ごろまでの間で、各所の氏神《うじがみ》のまつりがすむ。その後で、さらに各所の産土荒神（以下、荒神とも）のまつりが続くことになる。

氏神がほぼ大字《おおあざ》ごとの「村」で祀《まつ》られているのに対し、荒神はほぼ小字《こあざ》ごとの「ムラ」で祀られてきた。氏神が近世における社縁神、荒神が中世における地縁神といいかえてもよい。ここでは、もうひとつ、本家・分家の同族で祀る株神《かぶがみ》がある。血縁神にほかならない。この株神のまつりは、一二月から一月にかけて行なわれる。社縁神・地縁神・血縁神をこれほど明確に伝えている地方は、全国でも稀《まれ》であろう。私が神主として所務するだけでも、氏神三社、荒神九社、株神一〇社がある。

ここでは、産土荒神のまつりについて報告する。

もちろん、例年のまつり（例祭）がある。おもに、一二月にかけて。氏神のまつりよりも規模が小さい。氏神のまつりであれば、当番（頭屋《とうや》）宅での当番清めや準備に一日、神社での準備と宵宮《よいみや》（宮神楽が付く）で一日、本宮（神輿渡御《みこしとぎょ》が付く）で一日の、通じて三日間が必要となる。それに対して、荒神の例祭は、一日ですむ。当番宅で準備をして、宮上《みやあが》り。その神社も、小規模なもので、祭典で全員が上っては座れない。ほとんどの社《やしろ》が、拝殿は一間《いっけん》四方である。

ところが、式年祭となると、そうはいかない。

式年祭は、一般的には七年ごと。一三年ごと、という例もある。そこでは、神楽《かぐら》が夜っぴいて演じられる。そこで、この産土荒神式年祭は、俗には「荒神神楽」とか「式年神楽」と呼ばれることにもなる。

「臍緒《へそのお》荒神」と呼ばれることもある。そのときは、臍の緒がつながっている血縁者が一堂に会する、という意味である。とくに、経済の高度成長期以前の地方での慣習が根強く伝えられていたころまでは、家ごとに客が二〇人も三〇人も集まる大がかりなまつりであった。

荒神式年祭では、そのときだけの神殿《こうどの》が建てられる。

基本的には、柱四本を立てた八畳間の舞台。その北側に二畳相当を前後半分ずつに割って神棚と神主座（拝所）。さらに、西側に神楽の舞い出しと楽座が付く。したがって、見物席は、その神殿の東側と南側ということになる。

産土荒神の神霊（神像や御幣《ごへい》）は、そこに設けられた神棚に当番宅から移される。これを、「神殿移し」という。そこに祀られるのは、産土荒神だけではない。天津神《あまつかみ》・国津《くにつ》神《かみ》・八百万神《やおよろずのかみ》・有縁無縁の神々すべてが招かれるのである。

そのために、舞台中央に白蓋《びゃっかい》が吊り下げられる。そして、舞台の鴨居縁《かもいぶち》に六十余本の御幣が立てられる。

はじめの「白蓋神事」で、太鼓手の神楽歌・祭文《さいもん》にあわせて曳手《ひきて》が曳綱《ひきづな》を引いて白蓋を左右・上下に揺らす。それによって、四方の神々がそこに降りた、とするのだ。本来は、太鼓手が東方の神楽歌を詠じるときは、白蓋もまた東方に揺れなくてはならない。曳手が綱を縒《よ》ったり引いたりする術《すべ》が、いかにも神々が降臨するかのような景色をつくりあげるのだ。神事にもかかわらず、拍手がわくことになる。

産土荒神は、そこから神官の奉幣《ほうへい》行事をもってあらためて神棚に導かれる。すでに、神籠《ひもろぎ》や御幣をもって主祭神は神棚に鎮座ましましているのではないか、と疑義を唱えることなかれ。日本の神々は、いくらにも分霊なさるのである。私は、これをアメーバ分裂のごとく、と説明している。この際の神棚には先発で脇役の分霊が、白蓋からのそれは主役の分霊が降臨する、とすればよろしいのである。

そこに、諸々の神々も招かれる。それらの神々は、中央の白蓋から八方に張られる千道《ちみち》を伝わり、鴨居縁に立てられた御幣に移り鎮まる、とする。平たくいうと、上方から神楽見物をなさるのだ。

いずれも、神々が社に鎮まっての神まつりではない。そこへ招くにはしかるべき手順があるが、こうして人々の要請にしたがって仮設の神籬や御幣にも自在に移り鎮まるのが、日本の神々なのである。

そうして、主祭神の産土荒神の他にも諸神を招き祀った神殿で式年荒神神楽が行なわれる。

現在行なわれている神殿上での式年祭の神事と神楽は、以下のような次第である。どの荒神神楽でも、一部が省略されるにしても、その基本的な構成はほぼ共通している。

　榊舞《さかきまい》
　修祓《しゆばつ》（大麻《おおぬさ》行事＝祓《はら》いの儀式）
＊指し紙（役指《やくざ》し舞＝諸役を割り振る）
＊白蓋神事（動座加持・鎮座加持での降神行事）
　祝詞《のりと》奏上《そうじよう》
＊奉幣行事
　玉串奉奠《たまぐしほうてん》
＊頂盃《ちようはい》（直会《なおらい》）
　導き舞
　猿田彦の舞

神代《じんだい》神楽（神能《しんのう》）
天岩戸《あまのいわと》開き
国譲り
大蛇《おろち》退治
＊吉備津舞《きびつまい》
＊五行神楽（王子神楽＝五行思想から産土荒神の由来を説く）
＊剣舞
＊託宣《たくせん》神楽（神懸《かみがか》り神事）
＊石割神事（呪文を唱え、焼石を割る）
＊願猿《がんざる》（猿田彦の一人舞）
（＊印は、とくに荒神式年祭で演じられるもの）

このうち、天岩戸開き・国譲り・大蛇退治などの神代神楽（神能）は、江戸期の文化・文政期（一九世紀前半）に国学者の西林国橋《こっきょう》によって創作された演目である。平たくいえば、神話を題材とした芸能にほかならない。

命舞《みことまい》があり、姫舞があり、荒舞《あらまい》（鬼面の神の競いの舞）がある。神楽歌があり、言い立て（自らの神格と登場理由を名乗る）があり、問答がある。そして、茶利《ちゃり》（滑稽役）も登場する。それらの神々の役は、素面《すめん》では演じにくい。多くが、仮面《めん》を用いる。衣装も、神格を表現して、高位になるにしたがって豪華なものになる。

毎年の氏神の大祭での宮神楽では、この神代神楽が中心となる。近年のイベント神楽でも、そうである。したがって、備中《びっちゅう》神楽といえば、神代神楽をもって語る人も多い。しかし、それだとたかだか二〇〇年ほどの歴史しかないことになる。

備中神楽のはじまりは、神事《しんじ》系の神楽にある。すなわち、右に示した榊舞・白蓋神事・五行神楽・剣舞・託宣神楽・石割神事などである。榊舞は、宮神楽でも演じられる。が、他は、荒神式年神楽にかぎって演じられるものである。

そして、そこでは仮面を使わない。素面で演じられるのだ。元々は、神職が担当する神楽であった。それが、明治元年の神社神道の公事化（国家神道化）によって、神官が呪術や芸能にたずさわることが禁じられたところで、神楽の太夫《たゆう》に移行して演じられるようになった。それでも、ここでは、絶えなかっただけさいわい、としなくてはならない。

かくして、古い神事系の神楽が荒神式年祭のときに表出するのである。

それが、備中地方の農山村が開けた中世のころからの伝承、とみることができる。中世の文書は見当たらないものの、西林国橋による神代神楽以前の、つまり江戸時代前半の「神楽帳」からは、それが明らかにうかがえるのである。

なかでも、「五行神楽」の存在が注目に値する。

五行思想については、平安時代のころに中国から伝わった、とされる。おもに宮中において陰陽道《おんみようどう》と複合した（陰陽五行）、ともされる。そして、それが民間に伝わるのが中世のころ、とみることができるのだ。

基本になるのが、木・火・土・金（鉄）・水の五要素。そこに相生《そうじよう》と相剋《そうこく》の循環哲理が生じる。木から火が、火から土が、土から金が、金から水が、水から木が成るというのが相生。木は土を、土は水を、水は火を、火は金を、金は木を邪するというのが相剋。五行神楽では、五郎王子（土の御祖埴安彦命《みおやはにやすひこのみこと》）を中央に、他の四王子が四隅に、相生と相剋についての論争を行なう。それが、産土荒神の神格を語ることにもなる。つまり、その土地を拓《ひら》き、土を均《なら》して田畑を耕し、土を固めて家屋敷を構えるまでの歴史は、土はもとより木も火も金も水も滞《とどこお》ることなき相生の循環があればこそ。相剋もまた、水流を土堤が堰止《せきと》め、火事を放水が消すがごとくに、災害を防ぐには必要でもある、と説くのである。

備中地方での産土荒神とは、開墾にちなんでのその土地の親神的な存在なのである。石割神事や蛇綱を揺らしての託宣（神懸り）も開墾にちなんでのこと、とみることができる。ならば、この荒神の式年神楽が仮設の神殿で行なわれることに意味がある、というものだろう。

その場所は、当番（頭屋）の家に近い田か畑なのだ。最近では庭先とか建物の中とかの例もあるが、田畑にそれを仮設するのが伝統的な原則というものであった。家の近くからそれが拓かれたとすると、一番田（畑）ということになる。つまり、開墾にちなんでの、そのところでの「祖先返り」、といえるのである。

トン　トン　トン　トン　トコトコトコトン　トン　トン　トン　トン（太鼓）
かより　東方木徳霊神　南方火徳霊神　西方金徳霊神　北方水徳霊神　中央土徳霊神
固めてゆけゆけ　固めてゆかねば神の名折れや　法の名折れや　五行霊神　サンヤー
サンヤー（白蓋神事での太鼓を叩きながらの呪文）

こうした荒神の式年神楽は、これまでは各荒神組（小字集落）ごとに七年ごと、あるいは一三年ごとに行なわれてきた。四、五〇年前には、霜月（旧暦一一月）のうちに二つも三つもあった。それが、このごろは、一件もない年がめずらしくなくなった。そこでは、相応の費用や労力がかかる。高齢化と過疎化のなかでは致し方ないことだ。しかし、一度途絶えたら復活はむつかしい。それゆえに、式年制がとられてきたのである。

全国的にみても、式年の荒神神楽は、備中地方と備後《びんご》地方の一部にかぎられる。ご覧になりたければお早めに、といっておこうか。

氏神と産土神は別なもの

備中地方では、産土神《うぶすながみ》を荒神《こうじん》として今日まで伝えてきた。

しかし、備中に住む者も、コウジンサマは知っているが、ウブスナガミは知らずにいる。

一般的には、産土荒神とまでいわず、簡略化して荒神で通してきたからである。

他地方では、荒神も産土神も通じないことがある。が、荒神は、まだ通じやすい。

ただ、産土神としてではない。火伏せの神として荒神を祀《まつ》る例が多い。

とくに、畿内を中心に関西地方では、三宝荒神《さんぽうこうじん》を竈神《かまどがみ》として祀っている例が多い。

三宝荒神については、異説がある。たとえば、如来《にょらい》荒神・麁乱《そらん》荒神・忿怒《ふんぬ》荒神の三身が三宝である、ともっともらしくいう。「无障礙経《むしょうげきょう》」にある、というが、その経典じたいが仏教界で認められているものではない。偽経、というしかない。が、仏教から派生してのこと、とはいえるだろう。仏教界で「三宝」というと、仏・法・僧のことである。三宝印があり、三宝加持がある。ちなみに、『広辞苑』での三宝荒神は、「宝冠を戴き三面六臂《ろっぴ》、怒りの相を示す。近世には、竈《かまど》の神、火除けの神として祀る」とある。

神仏が習合。とくに、三宝荒神は、近世の畿内における流行神、とみればよいだろう。

その代表が宝塚（兵庫県）にある清荒神《きよしこうじん》である。正式には、清荒神清澄寺《せいちょうじ》。その境内に、鎮守社として三宝荒神社がある。それが清荒神として広く知られ、親しまれてもいるのである。

竈神　火の神とも火伏せの神ともいわれるが、台所神としての大黒像を祀る（宮崎県椎葉村）

竈神　京都の町屋を中心に、竈のひとつ（大竈）を平常は使わず、竈神の神座として祀る

なお、火伏せの神を、ただ竈神と呼んでいるところもある。東北各地で、土間の竈の上方に木彫りの像を祀った例があったが、台所改善や近代住宅の建築が進んだ昨今では、それもみられにくくなっているだろう。

日向《ひゅうが》山地（宮崎県）では、同じ地域で荒神の神格の違いがあることを知った。ある家では、竈神である、という。ある家では、屋敷神である、という。また、ある家では、地主神である、という。もっとも、それでよいのであろう。多様な神格を有するのが、日本の神々なのである。とくに、荒神がそうなのである。

さて、産土神である。

ウブスナガミという呼称が通じるとしても、往々にして、氏神と混同されることになる。たとえば、身近な民俗事典の類を引いてみても、ほぼ一様に「産まれた土地の神のこと」と書いてある。かえって混乱をまねく記述である。

つまり、産土神も「生まれ在所の神」であり、氏神も「生まれ在所の神」なのである。

両者の混同は、古くからあった。

たとえば、『日本を知る事典』では、『臥雲日件録《がうんにっけんろく》』の文安《ぶんあん》四（一四四七）年の条に「氏神とは産土神のこと」と記されていることを紹介している。

そして、それと真反対の記述もある。

たとえば、宮田登氏は、『玉手縕《たまてむつき》』（近世初頭）から「世には産土神と氏神とを同じ事に思ふめれど、元より差別ある事なり」という一文を引用する（『神の民俗誌』）。そこでは、産土神は、その土地に生まれた諸人をつなぐ土地神である、という。それに対して、氏神は、氏族の祖霊神である、という。

　そこでは、氏神の方が、特定の一門だけを守護するというところで排他的なカミであった。それが、いつしか、広範囲な人びとをつなぐムラの鎮守神となった。

　その起こりは、近世にあった。

　幕藩体制は、米本位であり、定住を是とすることになった。そこで、「一村一鎮守」の思想が生じた。それが推し進められるなかで、それまでの古い氏神一門が連合せざるをえないことになった。あるいは、共同でひとつの由緒深い氏神を掲げることになった。はたまた、武家社会での覚えめでたき八幡神を掲げることになった。かくして、のちの大字《おおあざ》単位の村ごとに氏神が祀られることになったのだ。町場でも、それに準じるかたちで町組ごとにひとつの氏神が祀られることになったのである。

　それは、諸藩にとっても歓迎すべきことであった。「氏子帳」をもって、戸籍管理が便利になったからである。

　したがって、近世社会では、氏神をして「社縁神」としてよかろう。

　それに対して、産土神は、「地縁神」である。

　古い文献では、「本居」「所生」「産生」などとある。それらを、ウブスナと訓じているのだ。その生まれた在所の神が産土神。それは、氏神とは別に以後も土地土地で祀り伝えられてきたのである。

それが祀られる地域は、氏神の村よりも小さい。現在《いま》に伝わる地名とすれば、ほぼ小字《こあざ》単位に相当する。近世の合併村でなく、中世以前のムラということができる。当時のムラの成り立ちからすると、その多くが、開墾集団であっただろう。その共同の祖霊としての存在、とほぼ見当づけることができるのである。

ということで、氏神と産土神は異なる出自なのである。

それが、混同になお拍車をかけたのは、明治期における神社神道の公事化である。明治元（一八六八）年に「神仏判然令」が公布された。一般にいうところの神仏分離令。それによって、神社神道が国家神道とも呼ばれるようになり、公事化された。そして、神社の社格が定められ、祭式が統一されることにもなった。

明治二二年に大規模な町村合併（公布は、前年）。それにあわせるかたちで、政府は「神社合併（合祀）」を推奨した。県によって対応に違いが生じるが、おおむね小規模な神社は、村社（氏神）に吸収され、合祀されることになった。産土神も、そうである。かくして、産土神は氏神の属神である、という見方をすることにもなった。あるいは、産土神の存在すら知らないで過ごすことにもなったのである。

産土荒神を現代に伝える備中・備後地方などは、全国的にみると、お上にしたがわな

竜押し　神楽が終わった夜明けに田んぼに担ぎ出された竜は、産土荒神の分身とされ、そこで暴れることで豊作を約する、という（広島県東城町）

かった稀なるところ。そういわなくてはならないだろう。

むしろ、産土神は産神《うぶがみ》と近い関係にある。

そのことについては、民俗学のなかでは、すでに論じられてきた視点である。たとえば、柳田國男《やなぎたくにお》は、産土神と産神は、同一の神格ではないか、と推察している。

此頃になって私にも気が付いたことは、児が生まれて始めて宮参りをする御社を、きっと氏神さまのように思い込んで居たのも、或は氏子という新しい言葉の力であったかも知れない。めい〳〵の氏の神だとすると、もっと早くから知って居られたかとも思われ、お目見えが少しばかり遅過ぎるようにも感じられる。土地を治めたまう産土神でおわしませばこそ、産屋のいましめの許されるのを待って初出の行事として拝礼に行くということも一段と自然に近いようである。
（『月曜通信』）

そして、宮田登も、それに準じて、以下のように述べている。

ウブスナとウブガミが、本来、一つの神であったのではないかという点は、出生地という土地を媒介にして成り立つと思われる。『神道名目類聚抄』には、「産社」と「産神」が同じだとし、祇園社の敷地で出生する子は、祇園社を産社とする。そして「産《うぶ》スナトハ、梅宮ノ儀ナリ、婦女安産ヲ彼神社ニ祈、社ノ砂ヲ受来テ産ノ守トス、是故ニ産砂ト云事アリト云リ」と記している。安産の神社の砂を安産の守りとする呪法は、江戸時代にはかなり一般化していた。砂は土地の守護霊と関わるものだったのである。
（『神の民俗誌』）

それには、私も同調できるところがある。

ケーススタディで紹介した郷里での産土荒神の式年神楽《しきねん》。そこには、式年俵が奉納されるのだ。そこでは、縮めてシキンダワラという。前の式年から今回までの間（ふつうは六年間）に生まれた子どもが奉納するのである。

その俵というのは、一升二合の米が入る小型のもので、藁《わら》で編んである。かつてはそうであったが、いつしか布袋になった。そして、近年は少子化が進んで、ほとんど上らなくもなった。

ともあれ、その式年俵は、産子入りを祈念しての奉納なのだ。私たち神官は、その名前と生まれ年（十二支）を読みあげての祈禱《きとう》をするのである。

柳田國男が説いたように、産神によって育まれた命を産土神に守護してもらう。その図式がここにも伝わっている、といえるのである。

両者とも「産む」（生む）というところで共通する。一方は、家に有用な「土地」を生む。一方は、家に大事な「子孫」を生む。それぞれの守護神として、その神徳は近い。同一とは簡単にいえないが、祈願の連続性が認められる、としてよかろう。

次に、産神をとりあげて再考してみよう、と思う。

謎の多い産神の習俗

ウブスナガミ（産土神）とウブガミ（産神）は、元は同一ではなかったか、と民俗学的に解説するむきがある、とした。

いずれもが、ウムを語源としているのは、明らかである。しかし、片や土地をウムとする。片や子どもをウムとする。これを同一とみるかどうか。また、同一とみたとしても、産土神をウム神格だけに特定するのもむつかしいところがある。

「産神」は、ウブガミサマ・オブカミサマ・オノカミサマなどと呼ばれる。妊産婦と生児を守るカミであることは、いうをまたない。

出産は、妊産婦と生児だけでなく、イエ（家系・家族）にとっても一大事であった。現在でもそうである。とくに、医療が未発達な時代には、それはカミの加護があってこその大事であった。

いつごろから産神が祀られてきたか。有史以来ともいえるし、地方によって違うともいえる。

『今昔物語集』に「七条辺にてうまれたりければ、産神におわすとて、二月の初午の日、稲荷へ参らんとて」（旧字を新字に、片仮名を平仮名に改めた）、とある。そのところで、産神は稲荷神とも関係が深い、ともいえようか。が、これも、特定するわけにはいかない。京都あたりでは、稲荷だけでなく天神や祇園も産土神とする産子集団があった、と説く記録もあるのだ。そして、やがてそれらが、氏神集団にも転じる、ともいうからややこしい。

産神には、産土神のほかに山の神、廁神、箒神、杓文字神。それに先述の稲荷など、さまざまな同一視の伝承がある。もちろん、無視はできない。そこで、「ふだんは別の神としての機能をもっているが、出産にかかわって機能するときに産神となる」（倉石あつ子

「産神」、『人生儀礼事典』に所収）とする。妥当なところであろう。

現代は、産神の存在がみえにくい。

産神を祀る例は、すでに皆無に等しいだろう。安産を願っては、氏神神社や檀寺《だんでら》（檀那《だんな》寺《でら》）に詣でて祓いを受け、神札《おふだ》を授かって帰り、それを神棚に祀るのが一般的になっているのではなかろうか。それも、必ずしも多いとはいえまい。

現代での出産は、信仰に頼らずとも安全性がはかられるからである。病院における医療制度が整ったから、とはいうをまたない。昭和三〇年代後半、一九六〇年代からのことだが、それ以前からも「産神離れ」ははじまっていた。それは、産婆《さんば》（のちの助産婦）が分《ぶん》娩《べん》を助け、産後の世話も行なうようになったからである。

余談になるが、私（昭和一九年生まれ）などは、産婆にとりあげられて生まれた世代である。町から離れた農山漁村では、自動車の普及する高度経済成長期（昭和四〇～五〇年代）まではそうであった。そこでも、都市部とは一〇年以上の違いがあるのだ。

産婆は、一般にはトリアゲバアサンとかトリアゲババアと呼ばれていた。産婆の制度ができる以前から、経験の豊富な年配の女性が分娩に立ち会い、手伝ってきたことを物語っている。バアサンとかババアと呼ばれているが、地域社会ではそれなりに尊ばれていたものので、とりあげた生児とは擬制的な親子関係が生じ、バアサン（ババア）の葬儀には、子方が参列するしきたりも各地に伝わっていた。

ちなみに、産婆が登場するのは、明治七（一八七四）年の「医制」のなかでの補助員としてであった。明治三二（一八九九）年、「産婆規則」資格が統一された。現在に続く保健婦助産婦看護婦法ができるのは、昭和二三（一九四八）年のことである。産神信仰は、こうした医療制度のなかで廃れていったのだ。当然といえば当然の歴史の変遷である。

そうしたなかで、「産屋」の存在も一般には忘れられることになった。狭義に定めるならば、産屋に祀られてきたのが産神なのである。

産屋は、残存例からみると、集落はずれにある小屋である。あるいは、集会所のような建物に付設した部屋である。

伊豆諸島、志摩半島、敦賀半島、若狭湾沿岸、瀬戸内の島嶼《とうしょ》部の報告例が多い。どちらかというと西日本の海辺に多かった、ということになる。

その理由は、よくわからない。が、海辺の集落は、人家が密集しており、その間取りが狭いことに注目してみなくてはならないだろう。瀬戸内で「家船《えぶね》」が伝わっていたがごとく、船漁や行商が生産基盤であったことを考えると、家屋の規模はさほどに問題ではない。働き手の夫婦がそこに常住するのではないのだ。しかし、帰宅する時期のそこでの性生活や出産には、相応の配慮が必要でもあっただろう。

それが、夫婦単位での船漁であり、出産時の産屋ではなかったか。

また、若者宿（若衆宿）の設営も、そうではなかったか。血気盛んな若者たちが夜になると宿に集まり、年齢階梯《かいてい》制のもとで合宿する。それは、兄嫁や姉たちの夜姿からの分離でもあった、とみるのは、うがちすぎだろうか。

いずれにしても、そこでは生活の合理を第一としたはずなのである。

その起こりも、古いといえば古く、太古にまでさかのぼることになる。

『古事記』に、「その海辺の波限《なぎさ》に、鵜《う》の羽《は》を以《も》ち葺草《かや》と為《な》し、産殿《うぶや》を造る」とあるのだ。産屋は、海神《わたつみ》の娘の豊玉比売命《とよたまひめのみこと》の出産のために建てられた。姫（比売）は、産屋にいる間はけっして見ないでくれ、と夫に言《ひこじ》う。それを怪しんだ夫がのぞいてみると、姫は鮫《さめ》となって這《は》いつくばっている。夫が驚き、逃げ帰ったことを知った姫は恥じて、産んだ子を置いて海坂《うなさか》（境）を閉じ、海底の国に帰っていった。その御子《みこ》が波限建鵜草葺不合命《なぎさたけうかやふきあへずのみこと》、というあらすじである。

ここで、信憑性《しんぴょうせい》を問うことに意味はない。『古事記』が書かれた八世紀ごろの日本でも、妊婦は産屋に忌籠《いごも》り、夫を近づけずに出産するという風習が存在していた、と素直に読みとればよろしいのではなかろうか。

このとき大事なのは、産屋を仮設する、ということ。のちには常設化もされて共同使用されるが、元は、そのときに建てた、とみる。したがって、一般には、土座形式の小屋しか建てられなかったのも当然だ。『古事記』では、鵜の羽を茅《かや》（葺草《ふきぐさ》）代わりにした、とある。一般には、茅葺きであった、と読める。そして、その形式は、後々に伝わるものでもあった。

もうひとつ注目すべきは、夫を寄せつけない、という暗黙の取り決めである。これも、後々に伝わるものでもあった。姑《しゅうとめ》や姉妹をはじめ女たちは、そこを訪ねることはあったが、男たちの出入りは厳禁であった。

それを、妊婦の家事や労働からの隔離とみるべきではないか、と私は推しはかる。そこでも、生活の合理が第一、とみるのである。

民俗学上の解釈では、血の不浄があっての産屋への隔離、としてきた。それも、否定するものではない。

日本では、ある時代から、赤（血）不浄と黒（死）不浄を忌《い》むことになった。そのことは、不浄のかかった者は、祭礼へは参加しない、という決まりからもわかる。いまだに、それが厳守されている行事も少なくない。

ただ、出産が穢《けが》れかどうか、だ。

産屋の土間に藁と筵《むしろ》を敷き、天井から吊した力綱《ちからづな》を握って出産をした。それを、女性のいわれなき忍従という記事もある。複数の出版物で目にする。それもそうだろうが、古くは家にあっても、一部の畳をあげた床板の上でそうしていたのだ。土間か床板かが問題なのでもあるまい。力綱もあれば、青竹もある。自力で出産するのには、必要不可欠だったのである。

昭和四〇年代後半のことだったが、伊豆大島で三人の老女たちから話を聞いたことがある。

産屋として使用した建物は、木造の集会所。ふだんは、子どもを連れた女たちが、雨天の日に編みものや縫いものをするのに使っていた。集落内の妊婦が産気づいたら、そこへ入ることでひとり使用の産屋となる。食事もひとりでつくり、ひとりで摂《と》る。これを「別《べっ》火《か》」といった。しかし、食事どき以外は、誰彼がやってきて茶飲み話をしていくので淋《さび》しくはなかった。

三人の老女のうち二人は、その体験があった。昭和のはじめごろまでは、そうした産屋の使用があったのだ、という。

その二人は、口を揃えて言ったものだ。いまでも、その口ぶりがしかと思いだせるほどの印象深い話であった。

「皆が気をつかってくれる。ふだんは口やかましい姑も、やさしくしてくれる。食べるのと寝るのはひとりだが、ゆっくりと休める。いちばんよかったのは、主人が言いよってこないこと。出産前、男がつきまとうのが何よりもうっとうしいから、あれはよかった」

産屋の妊婦が冷遇されたわけではない。むしろ、いたわられたのだ。「おべっかい」というのも、別火から派生した言葉、と解釈もできるのである。

妊婦には家を離れての休養、という合理があったのである。

もっとも、現代は、夫が出産に立ち会う時代である。

今は昔、産屋と産神の実際が遠のいて久しい。

民俗文化財として、敦賀市《つるが》（福井県）や福知山市（京都府）、愛知県東栄町《とうえい》などに産屋の建物が保存されている。力綱や炊事用具なども、当時を再現して残る。貴重な保存例である。

しかし、そこには、おしなべて小道具の類の残存例が乏しい。いたしかたないことではあるが、たとえば、オシオケがいくつかあったはず。曲物《まげもの》の桶で、何個もがあったはずである。それは、湯をためおくためで、とくに出産後の衛生管理には必要であった。

篦《へら》も大事であった。竹製で、そのつど青竹を割り、削ってつくった。えな（胞衣）をとり出すときに使うとも、臍《へそ》の緒《お》を切るときに使う、ともいわれる。なお、えなと篦は一緒に紙に包んで、桶に納めて土に埋めた、という。

「えなの処理法は、さまざまである。えなにはもう一つ別の霊魂が宿っているという考えが根底にあったためで、どの民族にも認められる」（宮田登『神の民俗誌』）。

考古遺跡でも、しばしば家の出入り口から土製の甕《かめ》が出土する。これも、えなを埋めた、と想定できるので、たしかに古い習俗には相違あるまい。

臍の緒は、誕生の記念でもあったが、錦の袋に入れたり桐箱に納めたりして御守《おまもり》とする事例が各地にみられた。これは、現代にも伝わっているのではあるまいか。

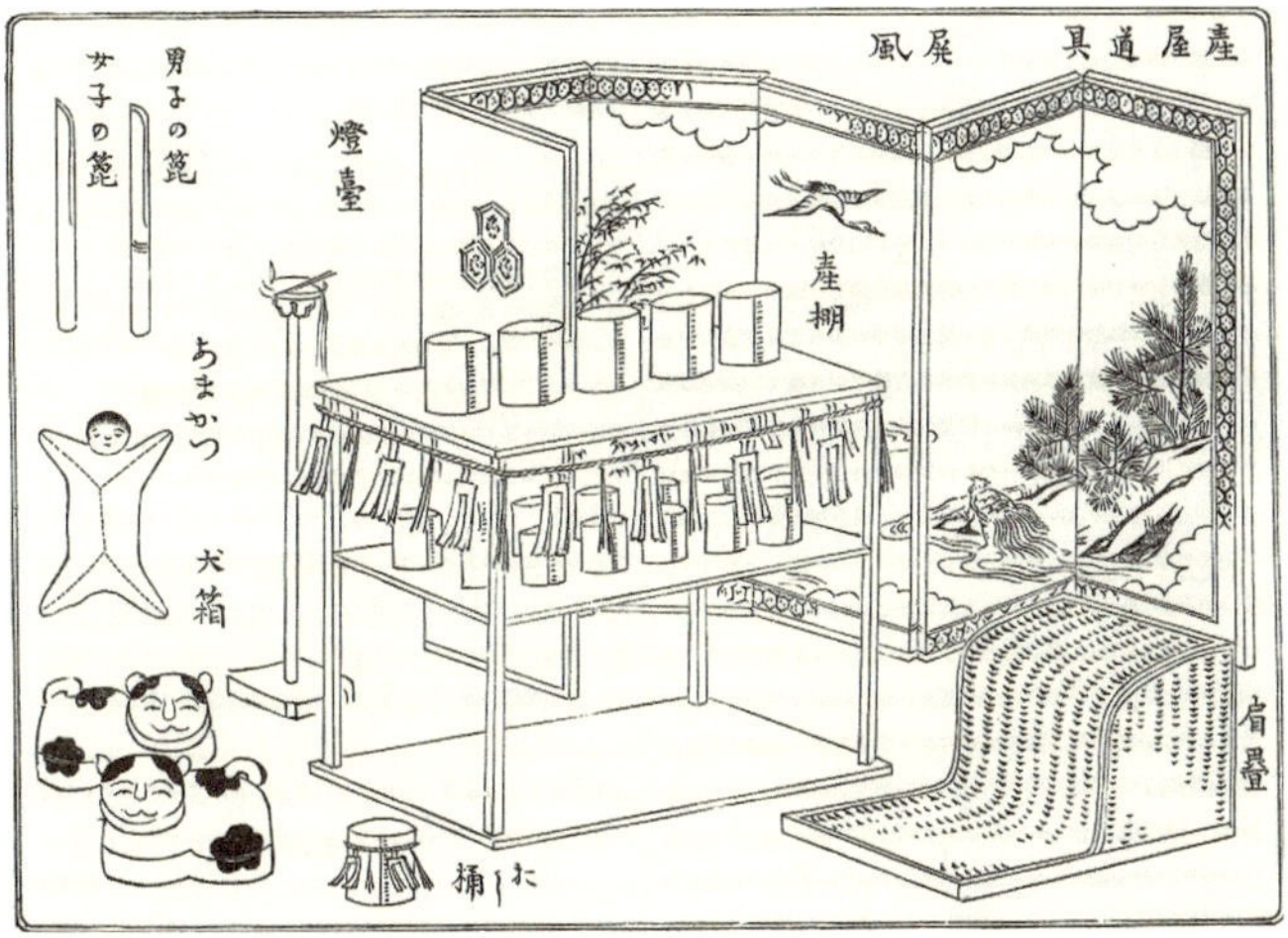

産屋もさまざま　「産屋には灯台の設あるべし。油火を本式とす。ロウソクは、ちらちらして産婦のために宜しからず」などとある

産屋が残存する京都府下の大原（福知山市）は、「うぶやの里」を標榜《ひょうぼう》している。産屋は茅葺き切妻屋根で土座形式。その土間は、三畳ほど。その中央に、御《ご》幣《へい》が立っている。産神の御幣である。もちろん、実際に産屋を使っているときには、御幣はそこに立ってはいなかっただろう。

その近くに、大原神社があり、近年は「安産の神」として知られるようになっている。『大原神社本紀』からもそのことがうかがえる、とある。しかし、産神が主祭神ではない。

そのあたりの変化を確かめてみたい、と、本書を執筆する前の今年（平成三〇年）の夏場に二度訪問を試みた。しかし、二度とも、西日本各地に被害をもたらし

た豪雨にはばまれて列車が運休。京都で足止めとなって、実現していない。

私は、そこの産神のご機嫌をそこねたのであろうか。

産土神と地神の習合

この章では、ウブスナガミ（産土神）を中心にとりあげている。

「産《うぶ》」にこだわって、前項ではウブガミ（産神）との関連に注目してみた。いずれも、各地で多様な信仰を展開してきており、簡単につながるものではない。少なくとも、同一神というわけにはいかない、ということがわかった。

ここでは、「土」にこだわってみたい。産土神は、土地（在所）の神である。氏神とも混同されるが、土地を拓いた（産んだ）神とみれば、氏神とは別なものである。むしろ、「地神」との関連を問うべきではあるまいか。

地神は、一般には、ジガミと呼ぶ。中部から関東にかけては、ジジンとかチジンと呼ぶ例が多い。が、ジガミと呼ぶ例が多い西日本でも、私の郷里の備中地方あたりでは、ジジン・ジジンサマと呼ぶ。呼称をもって分布地図ができるほどのものではない。

祀《まつ》り方も、時代により地方によりさまざまである。

民俗学の事典類では、以下のような概略が記されている。

まず、田畑の脇に祀られている事例が多かろう。小祠《しょうし》であったり、石塔であったり。そこに注連縄《しめなわ》が張られたりしている。それが、耕地が拓かれたことを記念してのことだろう、と想像するのはたやすい。そのところでは、産土神と同類の神格をもっている、といえる。古風なかたちでは、自然の古木を依代《よりしろ》としたものがある。

しかし、一方で、屋敷地に祀られている事例も多い。とくに、中部から関東地方にかけて、その分布がみられる。それは、土地・屋敷の開祖を尊んでのことに相違ない。したがって、この場合の地神は、祖霊神、とみてもよいのだろう。

静岡県下や埼玉県下では、その家の人が死んで三三年、あるいは五〇年経つと地神になる、という伝承もある。

地神碑　備中地方では、地神と産土神との統合はない。産土荒神社の脇に地神碑がある例も、水田の脇に単独である例もある（岡山県川上町）

概略は以上でよいが、もう少し具体的につめてみたい。となると、身近で確かな見聞を整理してみるしかあるまい。また、郷里の備中地方に戻ることになる。もちろん、これをもって全国をはかることはできないことは承知している。ケーススタディの続きとなる。

備中地方では、方々に「地神」と刻まれた石碑が立つ。

それは、備後地方にも通じるし、島根県や徳島県でも確認できる。

多くは、水田の脇に立つ。丸っこい自然石で、その二文字が大きく刻まれている。読みとりにくいとか、見間違いをするとかはない。

その持ち主は、とたずねてみると、そのところの水田の所有者、という答えが返ってくる。あるいは、本家が所有、という答えが返ってくる。といっても、個人で所有の場合は少ない。三軒とか五軒とかが共同でもつ例が多い。それは、また、本家と分家での共有という例が多い。

この地方では、本家・分家集団を「株」とか「株内」と呼ぶ。したがって、元は本家が所有していた地所や水田が、分家ができるたびに分割されていくところで、本家が立てた地神も共有されることになった、とみることができる。

その場合の地神は、「株神《かぶかみ》」と想定できるのである。

ただ、この備中地方においても、株神が地神と決めつけることはできない。

神官としての私の本務社は、岡山県美星町《びせいちょう》大字黒忠の宇佐八幡神社（氏神神社）である。

その氏子領域にほぼかぎってのことだが、株神は「摩利支天神《まりしてんのかみ》」なのである。

そこには、由来話が伝わる。

黒忠には、小笹丸城址《おざさまるじようし》（山城）がある。現在でも、その跡地は明らかである。中世も末のころ、黒忠の大半の家系が城につながっていた。といっても、平常時は農業に従事。非常時になると、おっとり刀で城にかけつけて戦力になる。半農半士の身分であった。

ところが、近世になると、それは士分とは認められない。小笹丸城もなくなった。そのところで、農民でありながら「半士」の由緒を伝えようとした。それが、「摩利支天神」を掲げることであったのだ。

その摩利支天神とは、元々はヒンズー教の神であった。そこでの名は、マリーチ（サンスクリット語）。それが、中国での密教にとり入れられ、日本にも伝えられた。空海によってである。

真言密教では、その思想の一部を曼荼羅《まんだら》という絵解きで説いた。大別すると、金剛界曼荼羅と胎蔵界曼荼羅の両部がある。胎蔵界のそれには、大日如来を中心に諸菩薩をそのまわりに配し、さらに明王や天部を外郭に配する構図がよみとれる。その大日如来からいちばん遠い天部に、弁財天《べんざいてん》、帝釈天《たいしやくてん》、多聞天《たもんてん》などとともに摩利支天も配されているのである。

その摩利支天が独立して神格をもつようになるのは、中世の武士が勃興の時代を経てから、としてよかろう。以後、主として武士の守護神として崇《あが》められるようになった。それは、曼荼羅のなかに描かれた摩利支天が金剛杵《こんごうしょ》、弓、箭《や》（矢）などの武器を手にしている姿であるところからの連想らしい。この摩利支天信仰は、とくに西日本に顕著である。

この軍神となった摩利支天が、いつごろから備中の高原部で株神として祀られるようになったかは、よくわからない。神主系の諸事由来を記す文書でも、いずれもそのことには触れていない。あるいは、もとは神主以外の者、たとえば修験者とか毛坊主のような者が司《つかさど》っていたのかもしれない。

話が長くなった。ここでは、株神をして「天王さん」と呼んで伝える。

加賀株・妹尾株・竹井株（二）・川上株（二）・大向《おおむかい》株（四株が合同）など。戦前（第二次世界大戦前）までは、一三株があった。

年末から正月にかけてのほぼ一ヵ月の間に、それらの株まつりがある。当番（頭屋《とうや》）の家に株内の者が集まり、床《とこ》の間《ま》に勧請《かんじょう》した摩利支天神を拝む。それから、揃って摩利支天神社（摩利神社ともいう）に参るのである。

神社は、ほとんどが本家の上方の山にある。小規模なもので、そこに皆が入って祭典をすることがかなわない。登拝も、老人にはむつかしいところもある。

しかし、当番家に帰ってから直会《なおらい》をすませた後の宴席は、和やかに盛りあがる。私なども、後の行事がないところで、ついつい長座をしてしまう。

地神に話を戻そう。

ここでは、明らかに地神と株神は別なのである。地神碑が別にあっても、それを株神と同一視する人はいない。また、産土神（産土荒神）と同一視する人はいない。ならば、あらためて地神とは何か、と問わなくてはならなくなる。

先述もしたように、全国でみると、地神は産土神に近いのである。

美星町黒忠は、吉備高原上の農村である。

そこから南に下ると、矢掛町《やかげ》（小田郡）。その東隣が真備町《まび》（倉敷市）である。今年（平成三〇年）の七月、西日本豪雨によって広範囲にわたり水没したところである。その未曾有《みぞう》の被害に、私の知人も二人が避難生活を余儀なくされた。高原上の集落や家々ではさほどの被害はなかったが、八月一日の宇佐八幡神社の夏まつり（八朔《はっさく》祭）では、隣町の復興祈願を併せて行なったところである。

さて、その矢掛町と真備町には、とくに地神が多く分布する。

くりかえすが、その多くは、自然石に「地神」という二文字を刻んだものである。とくに、それは真備町内に多い。かつては、小集落ごとに地神講があって、春と秋の社日（彼岸に近い戊《つちのえ》の日）に周辺の掃除をして注連縄を取りかえていた、という。とくに、神官や僧侶は頼まない。現在でもそうしているところもあるようだが、水害被害のあと、どうなることであろうか。

真備町の二万《にま》の中村地区には、地神社もある。疫《やく》神社の内の末社である。その地の神官が記したとされる『神社明細帳』が存在する。それによると、文化《ぶんか》五（一八〇八）年に勧請、建立した、とある。そして、祭神は、天照大神《あまてらすおおかみ》・大己貴命《おおなむちのみこと》・少彦名《すくなひこなの》命《みこと》・埴山姫命《はにやまひめのみこと》・蒼《う》稲魂命《かのみたまのみこと》の五神が記されている。ここでの地神は、五柱の神徳が合祀されているのである。

また、金山地区にも同様の地神があり、これは文政一〇（一八二七）年の勧請である（『神社明細帳』による）。

そうした五柱（神）をもっての地神を祀るのは、江戸中・後期における流行《はやり》だったのではないか。そのことを、正富博行『岡山の地神様』が教えてくれる。

それによると、五角柱の地神碑が備中や備後に多く分布する、という。そして、天照大神・倉稲魂命・埴安媛命《はにやすひめのみこと》・大己貴命・少彦名命が一面ずつに刻銘されている、という。真備町二万の地神社の祭神と表記が少し違うだけで、その神格は同じことである。ちなみに、天照大神をのぞいて説明を加えておく。

倉稲魂命は、文字どおり稲魂《いなだま》の神で、冠に倉がついても蒼がついても神徳に変わりない。これに、稲荷神とか宇《う》賀御魂神《かのみたまのかみ》を当てるむきもあろうが、その文字どおりに素直に解釈しておけばよいだろう。

埴安媛命は、埴安彦命《はにやすひこのみこと》（前述の「五行神楽」での主人公）としてもよい。五行思想にのっとっては、中央にあって土を司る。大己貴命は、『古事記』での大穴牟遅神《おおなむちのかみ》。大国主命《おおくにぬしのみこと》の別名である。少彦名命は、少名毘古那神。大国主命と共に国づくりを成した。

この五柱を刻銘した地神碑が立つことを、たとえば天明年間（一七八一〜八九年）に大《おお》江匡弼《えただすけ》が著した『神仙霊章春秋社日醮儀』（『神道大系』に所収）が説く。

「一年に二度、何とぞ五穀の祖神守護、土の祖神《みおや》の神恩を奉ずる為に祭祀《さいし》をなすべし」

「其《この》祭祀をなす日ハ、毎年の春二月の社日と秋八月の社日」

「夫《それ》社を立て祭を行ハんと欲ハバ、先《まず》其国所の村里に於《おい》て、田畔《たぐろ》又は路傍の清浄なる土地を撰《えら》びて、石或は土を用いて壇遺を立て、（中略）兼て石を五角に切て碑の如くし、此石に即《すなわち》五神の神名を記した彫附て、是を立置べし」（ルビと点は、筆者）

江戸中・後期の流行とみるいわれもここにある。

さいわいなことに、石碑にはその建立年が刻まれている。簡単に消えるものではない。それを確かめてみても、江戸中期以降のはずなのである。

なお、五角柱だけではない。私の本務社の宇佐八幡神社の境内にもそれが立つ。八角柱である。ここにも、天照大神・大己貴命・少彦名命・埴安姫命・倉稲魂命、それに五柱の神々の先導役としてなのか、猿田彦大神《さるだひこのおおかみ》が刻まれている。他の二面に、「建立惣氏子中」と年号。年号は、嘉永《かえい》三（一八五〇）年である。

ここまでくると、産土神との関連が少々遠のいてくる。何度もいうことになるが、この地域では、産土荒神信仰を連綿と伝えているのである。例外的な地域ゆえの八角柱、といわなくてはならないのだろう。

これも例外的に、仏教的な展開もみられる。それは、備前地方で散見できる、という（前掲『岡山の地神様』）。そこでの石碑には、南無妙法蓮華経堅牢地神・雨之所潤無木無足・百穀苗稼甘藷《かんしょ》葡萄《ぶどう》・天長地久国土安穏・五穀豊穣《ごこくほうじょう》万民快楽、と記されている。

備前地方といえば、「備前法華」といわれるほどに日蓮宗の地盤が強固なところである。そこで、このような文句がでてくるのだろうが、その最初に「堅牢地《けんろうじ》神《てん》」がでてくることは、注目に値する。

八角柱の地神碑　江戸時代後期の流行と思える。祭神は、五角柱での天照大神以下の五神に加えて猿田彦神（岡山県宇佐八幡神社）

堅牢地神は、埴安彦（姫）命の別称である。たとえば、真言密教系の地鎮式（祭）では、地神《じじん》を崇めて表白する。「この地神、すなわち土地神《どじじん》」とか「堅牢地天」などという文言がでてくるのだ。

夫《そ》れ堅牢地天《けんろうじてん》といっぱ、不動明王《ふどうみようおう》の化身《けしん》、万法能持《まんぼうのうじ》の総体《そうたい》なり。その功能《くのう》を謂《い》わば、大地《だいち》の能《よ》く万物《ばんぶつ》を生《しよう》ずるが如《ごと》し。此《こ》の天喜《てんよろこ》ぶ則《とき》んば、人身堅固《にんじんけんご》にして地味増益《ちみぞうやく》し、此《こ》の天瞋《てんいか》る則《とき》んば、難事《なんじ》勃発《ぼつぱつ》して地相惑乱《じそうわくらん》すと。

（『表白・願文・祭文集』より）

これが、地神の地神たるをもっともよく表しているであろう。堅牢地天、すなわち堅牢地神である。黄天竜王で土の守護天とされる。これを、五行をとりいれた神道では埴安彦命（あるいは、埴安姫命）といったのである。

ここでも、神仏は習合した。

そこで、大胆に結論めかしていっておこう。

「土」を最重視してみれば、地神と産土神が関連する。

あくまでも備中地方の事例でいうなれば、地神が一軒か数軒単位で祀る土地神であるのに対して、産土神（産土荒神）は小字《こあざ》単位の二〇軒とか三〇軒とかで祀る土地神と区分することができるだろう。いずれも、土地神なのである。

そこでは、先祖たちが土を拓いた、土を均した、土を固めた、その労苦をまた代々が顕彰してきたのだ。したがって、それを祖霊神とするところがあっても、またよろしい、としなくてはならないのである。

路傍の石像からも

「地神」の石碑が江戸時代中期以降の流行《はやり》、とした。

田の畦《あぜ》や道端の石造物も、多くが江戸中期以降の建立である。

それは、庶民社会で銘々に墓地をもち、墓石を立てだしたことと関係する。墓石に端を発しての石造物の流行と普及、といってもよいだろう。

旧家とされる家の墓石でも、江戸以前のものはないはずである。年号をあたってみると、元禄《げんろく》（一六八八〜一七〇四年）以降のものが並んでいるはずである。そこでは、地方ごとの差がほとんどない。

元禄以降に、各地で師檀《しだん》（檀那寺と檀家《だんか》）制度が整った。それは、ひとつには、幕藩体制が安定、農民に代表される庶民の定住がすすんだからである。代々がそこに住むようになったところで師檀制度が整ったのだ。そして、銘々墓地ができ、墓石が立つようになったのである。

そのことは前にもふれたが、以後、全国的に石造物が広がることにもなった。信州での道祖神像、薩摩《さつま》での田の神像もそうである。

ここでは、鹿児島県下における田の神像についてふれておこう。鹿児島県下の田の神については、小野重朗《じゅうろう》さん（一九一一〜九五年）の綿密な調査がある。それは、昭和三〇年代から四〇年代にかけての調査であった。その一部が、たとえば『民俗神の系譜』のなかに収録されている。私は、昭和四七（一九七二）年に鹿児島に行ったときに、小野さんから直に、田の神についての話を聞いたことがある。小野さんは、私の祖父に近い世代。我が子と同然のごとく田の神をいとおしんでの話ぶりであった。

その記憶をたどりながら、それを『民俗神の系譜』で確かめながら、そのところで以下のようなことがいえるのではなかろうか。

江戸期の石碑　墓石を含めて江戸も元禄以降の石碑が多い。その建立は、江戸期の流行ともいえるが、それによってさまざまな神仏が顕在化した（東京都天王寺）

鹿児島では、タノカンサア（田の神様）と呼ぶ。ヤマンカンサア（山の神様）、スイジンサア（水神様）、ヒノカンサア（火の神様）などと同じような敬称である。そして、田の神の石像には、大別すると、仏像型と神像型がある。仏像型には、僧侶型と旅僧型がある。それが古い型であろう。

そのうち薩摩北部で仏像型として出発した田の神は時代が進むと僧侶となり、旅僧型となって変化してゆく。一方、宮崎南部の諸県地方で神像型として作られ始めた田の神は大隅に伝えられて、神職型となり、神舞神職型となり、田の神舞神職型となって、多くの変化を生んだと思われる。（前掲『民俗神の系譜』）

そのうち、女子像や男女並立像などもでてくる。

こうした田の神の石像は、ほぼ鹿児島県下にかぎっての分布である。旧薩摩藩でいうと、薩摩と大隅《おおすみ》と日向《ひゅうが》（宮崎県）。それ以外には広がりをみないのである。

田の神のうち、年号がもっとも古いのは、宝永二（一七〇五）年。小野氏の調査（四三五体）によると、一七二〇年代（享保《きょうほう》年間）から一九三〇年代（昭和前期）の製作が圧倒的多数にのぼる、という。

薩摩藩でも一七世紀の終りから一八世紀初めにかけて本格的な開田事業が盛んに行われた。灌漑用水路・井堰・溜池などの大工事によって大きな水田が次々と生まれてきた。石像田の神はそうした時代にその水田稲作の守護神として作られ始めたことは言うまでもない。（小野重朗『田の神サア百体』）

しかし、新田開作は、当時は諸藩での大命題というものであった。それが、なぜ薩摩藩領の内だけでの石像にとどまったのか。疑問が残ったままであるが、ここではさておくことにする。

問題にしたいのは、石造物以前である。

木の根元なり石積みに幣《ぬさ》のようなものを立てて、田の神を祀《まつ》ったのではあるまいか。

鹿児島県下における同時代の古式な例として、オッドン（月神）やモイドン（森殿）、ジガン（地神）などの報告もある。いずれも、石造物や社殿をもたない祀り方の残存例である。

オッドンは、田の畦に祀られている事例が多い。イボタの木（ネズミモチ）や丸石数個などを御神体とする。田の神と共に農作のカミとされる。田の神が田植え時に祀られるのに対して、オッドンは秋一〇月の亥《い》の日を選んでまつりをする。これを、亥の日まつり、というところもある。

モイドンは、森の精霊である。個人で祀る例もあるが、おもに門《かど》（同族的な集団）ごとに祀る例が多い。まつりの日には、神木の下に御幣《ごへい》が立てられる。モイヤマというところもある。安産祈願に参る人もある、という。

ジガンは、これも同族的な単位で祀るが、社か祠《ほこら》をもつウッガンサア（内神様＝県下全域に分布）ほどに大規模なものでもない。薩摩半島全域と大隅《おおすみ》半島南部に分布をみる。コウジンサア（荒神様）と呼ぶところもある。この呼称は、大隅半島で多い。山麓に石を積み、そこに御幣を立てるような祀り方が多い。秋に神職を頼んでまつりを行なうところもある。

そこで、石造物以前の古い田の神信仰は、どのようなものであったのか。時代を経すぎてはいるが、たどれるすべはないものだろうか。

それについても、小野重朗さんは、指宿《いぶすき》（揖宿）神社の霜月田をとりあげて明快に答えている。

南薩摩の指宿神社の境外には霜月田と言う名称の水田が今も少々残っていて、そのほとりに大樹の椋《むく》の木がある。これについては、『指宿神社明細帳』に「新宮前霜月田の椋は十一月九日に祭事在り、五月朔日田植え規式在り。」と記されている。この霜月田というのは指宿神社の十一月十日の霜月祭りのための祭田で、その祭りの前日にこの田の椋の木を中心にして田の神祭りをし、その神を指宿神社に伴って霜月の収穫祭を行うのである。五月一日にはまたこの椋の木の下で田植え祭りも行う。だからこの椋の木は霜月田と言う田の田の神の依《よ》り代《しろ》であり、田の神の木である。現在はこの椋の近くに田の神石像を刻んで立ててある。いわばここに田の神が木から石像に移行したことを見せているのである。

（前掲『田の神サア百体』）

まさしく、そのとおりであっただろう。

石造物には、神像があり、石柱があり、そして祠がある。

それらをもたないころから、霊山信仰があり巨木（神木）信仰があり、巨岩（岩磐）信仰があった。そして、山の神信仰があり、田の神信仰があり、水の神信仰があり、地神信仰があり、産神信仰があり、産土神信仰があったのだ。

そこでは、カミを囲いこむ装置系をもたなかった。カミは、自然のなかにあって、往来も自由であった。人びともカミの流動性に素直にしたがった。もちろん、人びとがつくりあげた観念だが、いわゆるアニミズム（自然信仰）というものは、そういうものであった。カミは、人びとが必要なときに招き拝《おろが》むものであり、必要がなくなったらいずこかにお帰り願うものであった。そのところでのカミは、「常在神」ではなかった。

その原則のようなものは、現在《いま》の神社における祭式にも降神行事、昇神行事として伝わる。が、それは形式であり、そこでの祭神は社に常在する。

石造物や建造物は、カミの常在化を促す装置であった。

時代を経て、人びとの概念も変わってきた。とくに、江戸期と明治期に神々の合祀がすんだところでは、神まつりとは、そうした常在神を祀っての神社の行事となった。とくに、都市部では、おおむねそうした変遷を経て今日に至ってもいる。

しかし、農山村、あるいは漁村や島嶼部では、小規模な単位で古来のアニミズムにもとづく行事をなお伝えている。その一部を、これまでとりあげてきた。

そうした行事に出くわすとはかぎらない。が、山裾や道端に、あるいは大樹の根元に古びた御幣《ごへい》や神札《おふだ》が立ててあったりする。それを見かけることは、地方を旅していれば、ままあることだ。

「何ごとの在《おわ》しますをば知らねども　かたじけなさに涙こぼるる」（西行法師）。そうしたときは、そうした文化伝承に対して、素直に敬意を表するべきであろう。

かつて、というのは、私が民俗学をはじめたころ、年配の民俗学者や郷土史家の人たちの大半は、神社や仏寺の前では帽子を脱いで一礼をして通り過ぎていたものである。本書でとりあげた牛尾三千夫さん（島根県）も小野重朗さん（鹿児島県）も、路傍の樹木や石造物に対してもそうしていた。その土地を熟知していたからこそできたのでもあるが、土地土地で代々が伝えてきた文化遺産への敬意があればこそ、と私は教えられた。

荒神の　松にのぼりて、
灯をともす。
即ち、神に近づくらしも

歌人でもあった牛尾三千夫さんの一首である（昭和五六年一二月一二日、備後東城町竹森岡田名の荒神神楽御戸開きを拝して、と添え書がある）。

終　章――まじないと流行神

本書では、断るまでもなく、個人の祈願はとりあげなかった。
さまざまな集団で自然界に棲《す》むさまざまなカミを崇《あが》める、その民俗をとりあげた。「社《やしろ》をもたない神々」に対しての信仰は、原初社会においては当然のことで、それをアニミズム（自然崇拝）という。アニミズムは、世界に広く通じる言葉である。ただ、日本では、それを現代にまで伝えてきた。先進国では、稀《まれ》なることである。

そのはじまりは、と問うたときの答えはない。昔むかしからご先祖たちが、というしかないところだ。

一方で、個人個人のカミ信仰もまた原初からの伝統というものであろう。これは、日本だけでなく、世界にも現代社会にも共通する。しかし、それは、さらに多種多様であり、まことにとらえにくい。

日本でいえば、時代をかぎっての「流行神」というものがある。伝統とか民俗とはいいにくいところもあるが、そこでも「社をもたない神々」が対象となっているのだ。というか、「カミともいえない邪気（鬼）」までもが対象となっているのである。

たとえば、俗にいうところの、「まじない」の流行がある。

まじないは、「呪い《まじな》」である。江戸時代の文献には、「呪法《じゅほう》」という表記がある。『広辞苑』で「呪う」を確かめてみると、「神仏または神秘的威力によって災禍を免れたり起こしたりすることを祈る」とある。また、「病気を治療する」ともある。つまり、祈願そのものを指すのだ。

傍目《はため》からみると、大方がたわいもない迷信、ということにもなる。とくに、現代社会は科学的な知識や技術が十分に浸透しており、病気や災害が邪気悪霊によってもたらされる、と信じる人はまずいないだろう。が、かつては、まじないも、暮らしのなかで欠かせない信心というものであった。ときに、切実にして厳粛な行為でもあった。

たとえば、今日では病気ともいえないような風邪《かぜ》だが、当時の人たちにとっては恐ろしい病だった。「風邪は万病のもと」といわれたほどだ。とりわけ、二月ごろは、悪性の風邪が流行《はや》る時期。かつて、人びとは、それを極度に恐れた。とくに、抵抗力の弱い子どもが風邪にかかることを恐れたのである。そのため、「この家に子どもはおらず」とか、「子どもは留守」と書いた紙を戸口に貼っておく。そうしたまじないが全国に分布していた。

その風邪封じのまじないに準じた、笑い話のような一例がある。

明治二四（一八九一）年の春、東京でインフルエンザが流行った。これを、俗にオソメカゼといった。諸説あるが、どうやら時期遅れで流行りだした風邪、という意味のようだ。そのとき、下町の家々で、「久松はおらず」とか「久松は留守」と書いた紙を門口に貼るようになった、という。オソメを歌舞伎「新版歌祭文《うたざいもん》—野崎村」の「お染」に見立てて、せっかく訪ねてきても恋しい相手（久松）はここにいませんよ、と侵入拒絶のしるし、としたのだ。

誰が思いついたかは、むろん不明である。おふざけであったのか、洒落《しゃれ》であったのか、それもいまとなってはわからない。が、まじないの発生に、さほどの深い意味はないだろう。ただ、それが広がる過程で、さまざまな「ものがたり」が付加されたりもするのだ。

もうひとつ、全国的に分布をみたまじないの例をあげておこう。

今日に広く伝わるのが、節分の日、戸口や屋根の隅にヒイラギの枝にイワシの頭を刺して立てるまじないである。ところによっては、それに豆がらやトベラ、タラの小枝などを添えることもある。これは、ヒイラギの葉の棘《とげ》とイワシの臭《にお》いをもって邪気悪霊を払おうとする魔除《まよ》けのまじないにほかならない。

節分にかぎらず通年的なまじないになるが、漁村部でハリセンボンやカニの甲羅を軒下に下げていたりする。沖縄の島嶼《とうしょ》部では、角《つの》を四方に張ったスイジガイを門口や軒下に吊《つ》り下げてあるのを見ることができる。これらも魔除けである。

イワシが、なぜか節分の魔除けに深く関係して広まった。が、これもイワシにとらわれすぎる必要はない。たぶん、その時期、日本の広い範囲でイワシが入手しやすかっただけのことであろう。ここで大事なのは、その異臭なのだ。一度焼いたイワシを用いる例もみられるが、それを玄関や勝手口で焼いて煙をたてる。その煙をもって、邪気悪霊が入りこむのを防ごうとしたのである。

まじないは、何よりも「祓《はら》い」が先行する。祓いの呪文《じゅもん》と所作はさまざまあり、その目的によって、また地域によっても異なる。

たとえば、『日本の民俗』や『旅と伝説』などから眼病について拾ってみる。

「メイボ（ものもらい）は、小豆で撫でてこれを井戸に落とす」（北海道）、「眼病は、粟を目につけて川へ流すと治る」（宮城県）、「ものもらいには、井戸側から目籠《めかご》の一部をのぞかせて、治ったら全部おみせします、と井戸神様に願うと治る」（東京都区部）、「眼病には、九月七日に南から流れる川の水で目を洗うとよい。川に行けない者は、その水を汲《く》んできてもらって洗ってもよい」（大阪府枚方市《ひらかたし》）など、さまざまある。

全国的にみてもっとも多いのは、何らかの由緒のある水で目を洗う、ということである。必ずしも神聖な水ばかりではないが、患部を洗浄することではそれなりの理《ことわり》が認められる。現代の私たちは、目薬をさすことで代替しているわけだ。

そのほかにも、「しゃっくり」には、「茶碗の水を向う側から飲む」（東京都大島町）とか、「茶碗に水を入れ箸を十文字に渡して、箸の下をくぐれ、といって四口に飲む」（京都府北桑田郡）というまじないがある。また、「しびれ」には、指の先に唾液をつけ、三度額につける方法がよく知られるが、ほかにも、「しびれ切れ、しびれ切れ、と唱える」（熊本県阿蘇《あそ》地方）といった何種類ものまじないがみられる。また、血止めには、「何の葉でも三枚とって傷につけ、アビラオンケンソワカ、と唱える」（長野県諏訪湖畔《すわこはん》）や、「父母の肉と皮とのあいだにすむ此《こ》の血は止まれ、南無アブラウンケンソワカ、と唱える」（京都府北桑田郡）といったものが代表的である。

こうしてみると、病気癒《いや》しの呪文にもさほどの意味はない。それを聞く人たちもさほど奇異に思わないで耳になじむ、その単純さが気分を和らげるのである。

これまでの事例からいえるのは、「まじない」は行為である。その行為をかたちにしたものが「えんぎもの」と相なる。いいかえれば、えんぎものは、まじなったことの安心を身につける、そのかたちである、といえよう。

ここでのえんぎ「もの」とは、護符や置物、装身具の小物類など。本来なら社寺や祈禱《きとう》者から授かる「おまもり」であるが、ここではそのかぎりではない。社寺にも祈禱者にも頼らない祈願のかたちである。が、そうしたまじないごとが流行し広まったところで、えんぎものが商品化もしたのだ。

破魔矢《はまや》・土鈴《どれい》・獅子《しし》や天狗面《てんぐめん》・団扇《うちわ》・熊手・宝船・招き猫・瓢簞《ひょうたん》・だるまなど。これらを総じて、えんぎものといったのである。とくに、江戸の町で流行った。一部は、玩具化もして現代にも伝わる。

そもそも「えんぎ」という言葉は、仏教用語にはじまる。「因縁生起《いんねんしょうき》」の略。つまり、事物の因縁によって起こる、その「縁」と「起」をとって「縁起」としたのである。それが転じて、社寺の草創のいわれを述べたものを指すようになった。そこでは、社寺の草創を中心に、神仏の霊験《れいけん》、法会《ほうえ》の元になるよりどころ、高僧の行状《ぎょうじょう》などを説いている。『大《だい》安寺縁起《あんじえんぎ》』や『長谷寺縁起文《はせでらえんぎもん》』や、『信貴山《しぎさん》縁起絵巻』（平安時代）、『北野天神縁起』や『粉河寺《こがでら》縁起絵巻』や『石山寺《いしやまでら》縁起』（鎌倉時代）などの類である。やがて、物事の由来・説明をも「えんぎ」というようになった。

江戸時代になると、社寺にかぎらず、祠《ほこら》や御堂《みどう》、道々の石像に至るまで、縁起が語られるようになった。そして、えんぎものの流行をみた。

さらに、そこでの「えんぎかつぎ」も流行することになった。何かにつけて吉凶を気にする。もちろん、その根拠は薄い。風説や流言がまことしやかなえんぎかつぎを生む、そんな例もあったはずだ。さほどに切実さをともなっていない、というところでは、遊戯化といってもよかろう。

とくに、江戸の町において、こうしたえんぎものとえんぎかつぎの流行は、めざましいものがあった。

それは、新興の大都市である江戸ならではのこと、といわなくてはならない。

江戸は、現代風にいうと、多国（藩）からやってきた人たちが混在する国際都市である。言葉も習慣もそれぞれに違うのだから、それぞれが出身地の土着神をもちこんでも、共有はできない。そこで、「江戸仕様」ともいえる信仰のかたちが生まれたのだ。江戸でつくらざるをえなかった創作、といってもよかろう。

その代表が七福神である。七福神が宝船に乗り込んだのも、各地に在来の神仏でなく、外来の、そのところでの下層の神仏を選んでのことであった。はじめは米俵や財宝を積んだ、文字どおりの宝船の絵柄であったが、いつしか宝物が七福神にすりかわったのである。ちなみに、七福神は、中国の「竹林の七賢」などにならって成立したもの、といわれる。大黒天・恵比寿《えびす》・毘沙門天《びしゃもん》・弁財天・福禄寿《ふくろくじゅ》・寿老人・布袋《ほてい》和尚の七神であるが、寿老人にかわって吉祥天が入ることもある。

江戸後期になると、七福神巡りも流行りだした。たとえば、江戸では、谷中七福神巡り、隅田川（向島）七福神巡り、浅草七福神巡り、深川七福神巡りなどが新たに人気を集めた。七福神は、そこで指定された社寺の主祭神や本尊ではない。末社であったり、祠であったり。新たに、それを設けたところもある。しかし、それをつなぐことで、福徳が得られる、としたのだ。誰彼が言いだしたか、誰彼が巡りはじめたか、明らかでない。「流行神」の流行神たるゆえんである。

ただし、七福神にかぎっていえば、現代にも伝わっている。流行が生じてから、二百有余年。流行が文化に昇格した、とでもいっておこうか。

出版による情報化が、そうした縁起をかついでの寺社詣でをさらにあおることになった。たとえば、文化一一（一八一四）年に刊行された『江戸《えど》神仏願懸重宝記《しんぶつがんかけちょうほうき》』には、江戸での願掛け三一寺社が紹介されている。また、文化一三（一八一六）年に上方で出された『神社仏閣願掛重宝記』には、六九寺社もの願掛けが載っている。そこに縁起や由来が説かれたとしても、それには根拠の薄いあと付けの話が多い。ここでも、流行神の広がりとはそうしたもの、といわざるをえないのである。

それも、庶民に支持されてきたのだ。

そうしたところでの神々は、ほとんどが本拠たる神社をもたない。あるいは、神仏が習合したところでの仏閣ももたない。本編でとりあげた神々の、その位置づけとも共通する。さらに、起源や祭式を特定するのがむつかしい、という点でも共通するところがある。

しかし、まじないや流行神では連綿たる民俗伝承をもたない。それが、本編でとりあげた神々と信仰伝承との大きな違いである。

そのため、本編とは区別して、ここに補足しておいたしだいである。

日本とは、かように多様で無碍《むげ》なる非原理とも不定型ともいえる信仰を伝えた「不思議な国である」、といっておこうか。

《主要参考文献》

『風俗画報』（全五一八冊）　東陽堂　一八八九〜一九一六年
柳田國男監修・民俗学研究所編『民俗学辞典』　東京堂出版　一九五一年
竹田聴洲『祖先崇拝』（サーラ叢書）　平楽寺書店　一九五七年
倉野憲司校注『古事記』（岩波文庫）　岩波書店　一九六三年
桜井徳太郎『民間信仰』（塙選書）　塙書房　一九六六年
堀田吉雄『山の神信仰の研究』　伊勢民俗学会　一九六六年
西谷勝也『季節の神々』（考古民俗叢書2）　慶友社　一九六八年
大島建彦・大森志郎・吉田光邦他編『日本を知る事典』　社会思想社　一九七一年
『日本の民俗』（全四七巻）　第一法規出版　一九七一〜七五年
北野博美『年中行事』　臨川書店　一九七三年
柳田國男『年中行事覚書』（講談社学術文庫）　講談社　一九七七年
鈴木棠三『日本年中行事辞典』　角川書店　一九七七年
中山太郎『日本民俗学　二巻　風俗篇』　大和書房　一九七七年
宮田登『神の民俗誌』（岩波新書）　岩波書店　一九七九年
桜井徳太郎編『民間信仰辞典』　東京堂出版　一九八〇年
岩井宏實『暮らしのなかの神さん仏さん』　文化出版局　一九八〇年
宮田登・萩原秀三郎『催事百話―ムラとイエの年中行事』　ぎょうせい　一九八〇年
小野重朗『田の神サア百体』　西日本新聞社　一九八〇年

小野重朗『民俗神の系譜―南九州を中心に』法政大学出版局　一九八一年
井出孫六編『日本百名峠』桐原書店　一九八二年
吉野裕子『陰陽五行と日本の民俗』人文書院　一九八三年
神崎宣武『吉備高原の神と人　村里の祭礼風土記』(中公新書)　中央公論社　一九八三年
『あるくみるきく　二〇〇号(特集　日向国・米良山の生活史)』日本観光文化研究所　一九八三年
宮本常一『民間暦』(講談社学術文庫)　講談社　一九八五年
牛尾三千夫『大田植の習俗と田植歌』名著出版　一九八六年
西牟田崇生編著『祝詞概説―新訂版』国書刊行会　一九八七年
『あるくみるきく　二四六号(特集　木曾路霊界をゆく)』日本観光文化研究所　一九八七年
オームス・ヘルマン『祖先崇拝のシンボリズム』弘文堂　一九八七年
萩原秀三郎『目でみる民俗神　第一巻　山と森の神』東京美術　一九八八年
萩原秀三郎『目でみる民俗神　第二巻　豊穣の神と家の神』東京美術　一九八八年
萩原秀三郎『目でみる民俗神　第三巻　境と辻の神』東京美術　一九八八年
『企画展　境の神・風の神』福島県立博物館　一九八八年
『あるくみるきく　二六一号(特集　阿仁マタギ―国境を越えた狩人たち)』日本観光文化研究所　一九八八年
三浦秀宥『荒神とミサキ―岡山県の民間信仰』名著出版　一九八九年
吉野裕子『山の神』人文書院　一九八九年
『柳田國男全集13』(先祖の話／日本の祭／神道と民俗学ほか)　筑摩書房　一九九〇年
『柳田國男全集14』(神樹篇／祭日考／山宮考ほか)　筑摩書房　一九九〇年
『柳田國男全集15』(石神問答／大白神考ほか)　筑摩書房　一九九〇年
大林太良『東と西　海と山―日本の文化領域』小学館　一九九〇年

主要参考文献

『樹の日本史』（別冊歴史読本特別号）　新人物往来社　一九九〇年
山村民俗の会編『山の歳時暦』（山と民俗9）　エンタプライズ　一九九一年
大林太良『正月の来た道―日本と中国の新春行事』　小学館　一九九二年
『日本の秘地・魔界と聖域』（歴史マガジン文庫）　ベストセラーズ　一九九二年
高取正男『神道の成立』（平凡社ライブラリー）　平凡社　一九九三年
宮田登『山と里の信仰史』（日本歴史民俗叢書）　吉川弘文館　一九九三年
宮田登『江戸のはやり神』（ちくま学芸文庫）　筑摩書房　一九九三年
櫻井治男『蘇るムラの神々』大明堂　一九九四年
有岡利幸『松と日本人』　人文書院　一九九三年
ネリー・ナウマン（野村伸一・檜枝陽一郎訳）『山の神』　言叢社　一九九四年
久野昭編『共同研究　日本人の他界観』　国際日本文化研究センター　一九九四年
神崎宣武『神さま・仏さま・ご先祖さま―「ニッポン教」の民俗学』　小学館　一九九五年
宮田登『民俗神道論　民間信仰のダイナミズム』　春秋社　一九九六年
神野善治『人形道祖神―境界神の原像』　白水社　一九九六年
久保田展弘『日本多神教の風土』（ＰＨＰ新書）　ＰＨＰ研究所　一九九七年
『無形の民俗文化財　記録　第四〇集　焼畑習俗』　文化庁文化財保護部　一九九七年
『呪符　招福と魔除けの呪術』（別冊歴史読本）　新人物往来社　一九九八年
倉石あつ子・小松和彦・宮田登編『人生儀礼事典』　小学館　二〇〇〇年
正富博行『岡山の地神様』　吉備人出版　二〇〇一年
牧野和春監修『樹木詣で』（別冊太陽）　平凡社　二〇〇二年
『無形の民俗文化財　記録　第四五集　焼畑習俗Ⅱ』　文化庁文化財部　二〇〇二年

『無形の民俗文化財　記録　第四六集　巫女の習俗Ｖ』　文化庁文化財部　二〇〇三年
畠山重篤『日本〈汽水〉紀行』（文春文庫）　文藝春秋　二〇〇三年
千歳栄・イシイヨシハル『神々の風光　上・下巻』　ＭＯＫＵ出版　二〇〇五・二〇〇六年
佐々木高明『山の神と日本人』　洋泉社　二〇〇六年
『宮田登　日本を語る３「はやり神と民衆宗教」』　吉川弘文館　二〇〇六年
『宮田登　日本を語る４「俗信の世界」』　吉川弘文館　二〇〇六年
神崎宣武『しきたりの日本文化』（角川ソフィア文庫）　ＫＡＤＯＫＡＷＡ　二〇〇八年
中村啓信訳注『新版 古事記　現代語訳付き』（角川ソフィア文庫）　ＫＡＤＯＫＡＷＡ　二〇〇九年
筒井功『葬儀の民俗学　古代人の霊魂信仰』　河出書房新社　二〇一〇年
芳賀日出男『日本の民俗　祭りと芸能』（角川ソフィア文庫）　ＫＡＤＯＫＡＷＡ　二〇一四年
佐野賢治『宝は田から―〝しあわせ〟の農村民俗誌 山形米沢』　春風社　二〇一六年
折口信夫『古代研究Ⅰ　民俗学篇１』　ＫＡＤＯＫＡＷＡ　二〇一六年
『ＥＰＴＡ　七五号（特集　鳥海山を仰ぐ遊佐）』　肌粧品科学開放研究所　二〇一六年
『お犬様の御札―狼・神狗・御眷属』　松勇堂　二〇一六年
芳賀日出男『写真民俗学　東西の神々』　ＫＡＤＯＫＡＷＡ　二〇一七年
浅田次郎『神坐《かみいま》す山の物語』（双葉文庫）　双葉社　二〇一七年
早川孝太郎『猪・鹿・狸』（角川ソフィア文庫）　ＫＡＤＯＫＡＷＡ　二〇一七年

＊ここでは、市販の単行本を中心に選んでいる。論文については、文中で紹介した。
＊出版年代順に、初版本を優先したが、手に入りにくいものは復刻本とした。
＊全集と事典（辞典）類は、使用頻度の高いものにとどめた。

あとがき

二〇四六人——。

一〇代さかのぼっての、ご先祖さまたちの数である。二〇代さかのぼると、二〇九万七一五〇人にのぼるはず。そのうち、誰ひとりが欠けていても、現在の私たちは存在しない。ならば、この生命《いのち》を粗末にはできないだろう。と、節談《ふしだん》説教で河合某師が説いていた。

節談説教は、真宗（浄土真宗）の布教活動のなかで発達したもので、日本の話芸の元ともされる。もう三十数年も前になる。輪島《わじま》（石川県）で聞いたのだが、そのころ、すでに正統な伝承者が全国で四人しかいない、といわれていた。

そのときに、もっと真摯《しんし》に受け止めるべきであった。このごろになって、このご先祖さまたちの膨大な数に思いをはせることになる。

そうなのだ。私たちは、ほんの小さな存在でしかないのだ。いうなれば、長距離リレーのバトンランナーにすぎないのだ。生命を大事に継ぐことは、もちろんのこと。同時に、ご先祖さまたちが、しかるべき意図をもってつくった「しきたり」も大事につなぐべきではないか。と、この数年来、思うようになった。

もちろん、それは、長い歴史のなかで変容するものもある。廃絶するものもある。すべてを継ぐわけにはいかない。しかし、多くのご先祖さまたちが、そこにどういう「思い」や「願い」を託したか。そのことは、理解しなくてはならないのではあるまいか。反発があろうことを覚悟していうが、たとえば、先祖墓は廃棄とか、葬儀は密葬とか、私たちが軽々に判断できることではないだろうに、と思える。私たちには、いまいちどご先祖さまたちとの「対話」が必要なのではあるまいか。

そうだ、それが私などが手がける民俗学ではないか、とも思えてきた。

私は、故宮本常一《みやもとつねいち》（一九〇七～八一年）に民俗学を師事した。

宮本先生は、「我われの民俗学は、先学の落とした落穂を拾うようなもの」といった。そして、「民俗学は、体験学であり実践学である」ともいった。私に対しては、「いなかを捨てるな。しかし、いなかのエリートにはなるな」と厳しくいった。その真意が、これも遅ればせながら、このごろ理解できるようになった。

さいわいなことに、というべきだろうか。私には、代々の社家《しやけ》という家業がある。いわゆる神社神道の祭儀から漏れたところの、そこでの雑祭式といわれるところの自然信仰や祖霊信仰などに関係する年中行事が、かなりの頻度である。それを、本書でもケーススタディとして紹介したところだ。

そうした行事が、私の知る一代のなかで、すでに省略されたり中止されたりしたものもある。また、先行きがあやういものもある。そのことは、ひとり私の郷里だけではあるまい。日本の、地方のムラの多くが少子高齢化と過疎化にあえいでいる。その対策ももままならないところである。

そんななかで、宮本先生のいう「落穂拾い」をいまこそ急がなくてはならないのであろう。

もう時機を失したかもしれない。気づくのが遅かった。と、少々焦りも覚えて、この「社をもたない神々」というテーマにとりかかった。

もちろん、何年もかけ腰をすえて取り組んだものではない。漏れている視点も事例もあろうか、と反省もする。これを機に、それぞれの地方や事象にお詳しい方々から補足がいただけたらさいわいである。

とくに、ひとりでも多くの若い世代の方々に、こうした「日本のかたち」があった、ということを知ってもらいたい。ご高評を願うところである。

本書の出版にあたっては、KADOKAWA文芸局学芸ノンフィクション編集部の大林哲也さん、中村洸太さんのご尽力をいただいた。記して謝意を表したい。

平成三〇年霜月吉日

神崎　宣武

【写真・図版一覧】

大黒舞（山形県鶴岡市湯田川）／第一章扉
初寅日に行われる護摩祈願（京都府京都市山科区毘沙門堂）／第二章扉
諏訪大社　上社里曳き建御柱（長野県諏訪市　式年造営御柱大祭）／第三章扉
朴橋のお人形様（福島県田村郡船引町〈現・田村市船引町〉）／第四章扉
荒神神楽（広島県比婆郡東城町〈現・庄原市〉）／第五章扉
押田家　農家の年棚（鳥取県西伯郡会見町〈現・西伯郡南部町〉）／三三頁（上）
荒神神楽（広島県比婆郡東城町〈現・庄原市〉）／二〇一頁
　いずれも、株式会社芳賀ライブラリー提供
「加州金沢近在松飾の図」明治26年12月「風俗画報」第63号／二七頁
「土佐国久保川村近方田植之図」明治24年6月「風俗画報」第29号／四七頁
「絹本著色富士曼荼羅図」富士山本宮浅間大社所蔵／一一二頁
「羽後国飽海郡国幣中社鳥海山全図」鳥海山大物忌神社蕨岡口之宮所蔵／一一三頁
「産屋道具」明治22年3月「風俗画報」第2号／二一一頁

右記以外は、すべて著者提供（地名は撮影当時）による。

神崎宣武(かんざき・のりたけ)

1944年生まれ。民俗学者。旅の文化研究所所長、岡山県宇佐八幡神社宮司。著書に『酒の日本文化』『しきたりの日本文化』『「旬」の日本文化』『「おじぎ」の日本文化』(いずれも角川ソフィア文庫)、『「まつり」の食文化』(角川選書)、『江戸の旅文化』(岩波新書)、『ちちんぷいぷい』(小学館)など。編著に『日本文化事典』『47都道府県・伝統行事百科』(丸善出版)などがある。

角川選書 612

社《やしろ》をもたない神々《かみがみ》

平成31年1月18日　初版発行
令和7年4月5日　6版発行

著　者／神崎宣武《かんざきのりたけ》

発行者／山下直久

発　行／株式会社KADOKAWA
〒102-8177　東京都千代田区富士見2-13-3
電話 0570-002-301(ナビダイヤル)

印刷所／株式会社KADOKAWA

製本所／株式会社KADOKAWA

装　丁／片岡忠彦　　帯デザイン／Zapp!

●お問い合わせ
https://www.kadokawa.co.jp/(「お問い合わせ」へお進みください)
※内容によっては、お答えできない場合があります。
※サポートは日本国内のみとさせていただきます。
※Japanese text only

定価はカバーに表示してあります。

ISBN978-4-04-703624-6 C0339

◆◇◇

角川選書

この書物を愛する人たちに

詩人科学者寺田寅彦は、銀座通りに林立する高層建築をたとえて「銀座アルプス」と呼んだ。
戦後日本の経済力は、どの都市にも「銀座アルプス」を造成した。
アルプスのなかに書店を求めて、立ち寄ると、高山植物が美しく花ひらくように、
書物が飾られている。

印刷技術の発達もあって、書物は美しく化粧され、通りすがりの人々の眼をひきつけている。
しかし、流行を追っての刊行物は、どれも類型的で、個性がない。
歴史という時間の厚みのなかで、流動する時代のすがたや、不易な生命をみつめてきた先輩たちの発言がある。
また静かに明日を語ろうとする現代人の科白がある。これらも、
銀座アルプスのお花畑のなかでは、雑草のようにまぎれ、人知れず開花するしかないのだろうか。
マス・セールの呼び声で、多量に売り出される書物群のなかにあって、
選ばれた時代の英知の書は、ささやかな「座」を占めることは不可能なのだろうか。
マス・セールの時勢に逆行する少数な刊行物であっても、この書物は耳を傾ける人々には、
飽くことなく語りつづけてくれるだろう。私はそういう書物をつぎつぎと発刊したい。
真に書物を愛する読者や、書店の人々の手で、こうした書物はどのように成育し、開花することだろうか。
私のひそかな祈りである。「一粒の麦もし死なずば」という言葉のように、
こうした書物を、銀座アルプスのお花畑のなかで、一雑草であらしめたくない。

一九六八年九月一日

角川源義

戦国大名・伊勢宗瑞

黒田基樹

近年人物像が大きく書き換えられた伊勢宗瑞。北条氏研究の第一人者が、最新の研究成果をもとに、新しい政治権力となる戦国大名がいかにして構築されたのかを明らかにしつつ、その全体像を描く初の本格評伝。

624

978-4-04-703683-3

新版 古代史の基礎知識

吉村武彦 編

歴史の流れを重視し、考古学や歴史学の最新研究成果を取り入れ、古代史の理解に必要な重要事項を配置。新聞紙上をにぎわしたトピックをはじめ、歴史学界で話題の論争も積極的に取り上げて平易に解説する。

643

978-4-04-703672-7

シリーズ世界の思想

マルクス 資本論

佐々木隆治

経済の停滞、政治の空洞化……資本主義が大きな転換点を迎えている今、マルクスのテキストに立ち返りこの世界の仕組みを解き明かす。原文の抜粋と丁寧な解説で読む、画期的な『資本論』入門書。

1001

978-4-04-703628-4

シリーズ世界の思想

プラトン ソクラテスの弁明

岸見一郎

古代ギリシア哲学の白眉ともいえる『ソクラテスの弁明』の全文を新訳とわかりやすい新解説で読み解く。誰よりも正義の人であったソクラテスが裁判で何を語ったかを伝えることで、彼の生き方を明らかにする。

1002

978-4-04-703636-9

密談の戦後史
塩田 潮

次期首相の座をめぐる裏工作から政界再編の秘密裏交渉まで、歴史の転換点で行われたのが密談である。憲法九条誕生から安倍晋三再擁立まで、政治を変える決定的な役割を担った密談を通して知られざる戦後史をたどる。

601

978-4-04-703619-2

今川氏滅亡
大石泰史

駿河、遠江、三河に君臨した大大名・今川氏は、なぜあれほど脆く崩れ去ったのか。国衆の離叛や「家中」弱体化の動向等を、最新研究から丹念に検証。桶狭間敗北や氏真に仮託されてきた亡国の実像を明らかにする。

604

978-4-04-703633-8

古典歳時記
吉海直人

日本人は自然に寄り添い、時季を楽しんできた。旬の食べ物、花や野鳥、気候や年中行事……暮らしに根ざすテーマを厳選し、時事的な話題・歴史的な出来事を入り口に、四季折々の言葉の語源と意味を解き明かす。

606

978-4-04-703657-4

エドゥアール・マネ
西洋絵画史の革命
三浦 篤

一九世紀の画家、マネ。伝統絵画のイメージを自由に再構成するその手法は、現代アートにも引き継がれる絵画史の革命だった。模倣と借用によって創造し、古典と前衛の対立を超えてしまう画家の魅力に迫る。

607

978-4-04-703581-2

古典のすすめ
谷 知子

神話から江戸の世話物へとつながる恋愛観、挽歌と哀傷歌そして源氏物語に描かれた「死」と「病」など、日本の古典作品に描かれた哲学をやさしく説く。古典に立ち返り、人生を見つめる新たな視点を養う。

594

978-4-04-703620-8

死者と先祖の話
山折哲雄

みずからや家族の死を、私たちはどのような形で迎えたらよいのか――。折口信夫『死者の書』と柳田国男『先祖の話』をてがかりに、鎮魂・供養・往生・看取り等から、日本古来の信仰や死生観を見つめ直す。

595

978-4-04-703594-2

仏教からよむ古典文学
末木文美士

出家に憧れながらも愛欲の世界にとどまった源氏物語の登場人物たち。その曖昧な生にこそ、王権と仏法の緊張関係が示されているのではないか。源氏・平家物語から能、夏目漱石まで、日本文学の新たな魅力を引き出す。

599

978-4-04-703615-4

愛着アプローチ
医学モデルを超える新しい回復法
岡田尊司

慢性うつ、不登校、ひきこもり、ゲーム依存、発達の問題、自傷、過食、DV等、医学モデルでは対処が難しい心や行動の問題が増えている。それら難しいケースに劇的な改善をもたらす新しい回復法の原理と実践法!

600

978-4-04-703613-0

風土記
日本人の感覚を読む
橋本雅之

七一三年の官命によって編纂された「風土記」。全国各地の産物や土地、神話などを記す古代の貴重な資料である。その地誌としての性格をふまえ「風土記」を読み解き、日本人に通底する心のありようを知る。

577

978-4-04-703582-9

足利尊氏
森茂暁

これが「尊氏研究」の最前線！「英雄」と「逆賊」の間を揺れ動き、南北朝動乱を招いた中心人物として解明が進まなかった足利尊氏を徹底研究。発給文書一五〇〇点から見えてくる新しい尊氏像とは。

583

978-4-04-703593-5

テーリー・ガーター
尼僧たちのいのちの讃歌
植木雅俊

釈尊の元に集った女性たちの切なる悩み、苦しみ、喜びをつづる原始仏典「テーリー・ガーター」が新訳で蘇る！　サンスクリット原典を紐解き、仏教が本来もっていた現代にも通じる男女平等思想を明らかにする名著。

588

978-4-04-703617-8

杉山城の時代
西股総生

文献には登場しないものの精密機械のような縄張りを持つ杉山城。なぜ、ここに存在するのか。北条氏築城説は成立しないのか。発掘調査によって判明した事実とは。縄張り研究の立場からその「謎」に迫る。

592

978-4-04-703614-7